敲敲眷村的紅色大門，憶起詩人余光中筆下的那對紅燭，
並排地，互相眷戀地照著，照著我們的來路與去路，
夜啊越熬越長，最後的一陣風吹過，兩股輕煙同時化入夜色，
訣別的荒渡，是遠行或送別。

母愛如山，昇華為助人的高尚情操，那是向 115 歲母親拜壽的發亮時刻。

《虎父虎子》謝幕時，三軍官校贈送張體安將軍銅像一尊，張紹鐸感覺父親並未遠去。

暮年的張紹鐸書卷氣質濃厚，和新住民幼妻合力照顧老夫人趙蘭花。

將軍令

來，喝杯咖啡。今天不喝酒，
天氣老了，湯匙還很新，前天才聊過一些糖，
昨天還夢過火藥很苦，
晴天剿匪，陰天抗日，
暴雨的時候我們渡了船，
十萬青年十萬軍，不只是數字，
自己背著自己的井，
白髮的我們，還能匍匐一次嗎，
可以續杯回來再談。

「不買房子，咱在老家還有大片地。」
還好地形不是棋盤，棋盤也不再燃燒狼煙，
我們都老了，只是，淺淺的楚河比沙漏更埋沒時間，
同樣的漢界，有不同的屋簷，軍靴深深陷入老兵的額前。

是的，我們都是當年老將軍，太陽和勳章，親友和影子，
雖然已被日曆撕過一遍遍，
我們都還記得。

涉過大江大海，故鄉的歌總在有月亮的夜晚響起。

1949 年大遷徙時代印記的情懷，盡在離亂歲月，滿載著。

翻過山頭，莽莽蒼蒼，不知何處是盡頭。

回望已經不知白雲深處，驀然想起的，是娘親揮手的慈顏。

蕭知三將軍奉公在外，賢德之妻持家有方。

忠孝傳承，蕭家一門多傑。

蕭將軍落腳眷村，留取家鄉的懷舊。

命運轉折，一格一格儲存的影像，是無情光陰有情人的沉積。
本期待永享天倫團員，卻轉眼人倫夢碎。
衷心渴望的港灣，是被時代運轉的漂泊，
與史實相應的思念之言，注滿惆悵，久久不能自已。

從流離失所的砲聲到天倫團聚的炮聲，傅媽媽撐起養兒育女重擔。

傅依萍的家庭相簿，
詠懷為國捐軀的英勇
男主人。

怎曉得戰爭的終點，竟是漂泊離亂的起點。

向女兒楊青霞娓娓訴說

大時代家族的流離、渡海、新生、滄桑、懷鄉、返鄉與回望，

楊樟富將世代的故事化為生命之詠，拼貼出 1949 後的島上悠然。

有幸躲過隆隆炮火而得以避居島嶼，享有 70 餘年和平安定，
這轉折如此壯闊離奇，短短幾千字怎描述得萬一？
內心充滿未知的問號，不知 1949 航線是否偏離，
竟帶我們落腳眷村，這個青春的燃燒聖地。

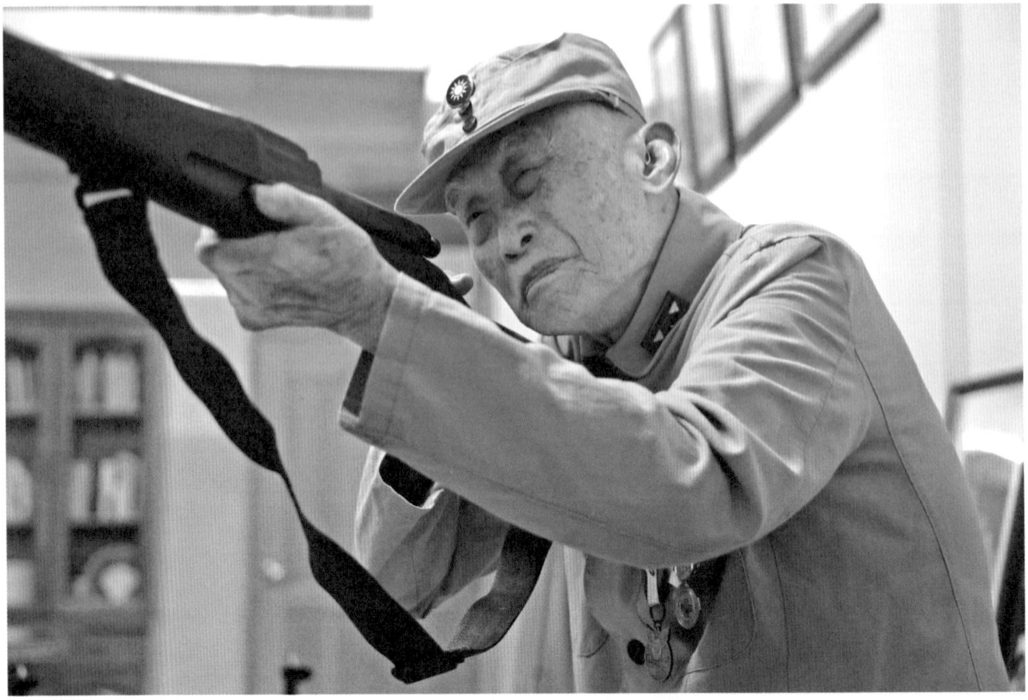

浪濤拍岸的聲音，彷彿還在昨日。

槍杆上的小旗被風吹得鼓漲，逃難的我們並不確定，

是快些到岸好，還是慢些。

逃難隊伍中的劉哲基風骨抵住動亂，意志熬過艱辛，

如今劉麵包老矣，但機關槍筆直，猛猛的上陣殺敵。

我養的人慢慢長大，養我的人漸漸變老，
時間就像洶湧的浪潮，無處可逃。
一生只有兩天——昨天不斷的增加，明天不停的減少，
今天是昨天等的明天，明天很快的成為今天，
交錯記憶的時間和追尋的空間，盡顯陳錫煌的掌中乾坤。

時光無聲人遠離，以相似的遷台經歷，吐露共同的哀念。
長廊盡頭，張望著父母親那張猶青春的容顏，
是存於影像的家族榮耀。

延安的軍旅生涯，將兵一條心。

胡宗南將軍的馬上英姿，軍人氣概無敵。

胡家添丁弄瓦，生下女兒胡為美。

長眠於地，再也見不到的是為國捐軀的黑蝙蝠，
李花崗想起燦笑的暖爸就淚崩，
她不相信這樣愛家人的爸爸捨得離開。
這不是真的，不是……，
所以，她不戴黑紗，長大後要去韓國把爸爸找回來。

最後的時光陪著爸爸，

輕撫他的背，輕揉他的手，

陳鳳馨才知道爸爸走過人生漫長歲月，

離鄉的孤獨中，

是怎麼渡過那些思鄉心切，

無以排遣的難受。

意態瀟灑下，談的是青春烽火，
再久遠，
都是生命存亡關頭的沉甸。
烽火連三月，家書抵萬金，
姚雲龍與親人再相見恍然如夢，
歡笑與淚水交織，
紀念那偉大的年代和壯烈犧牲的人。

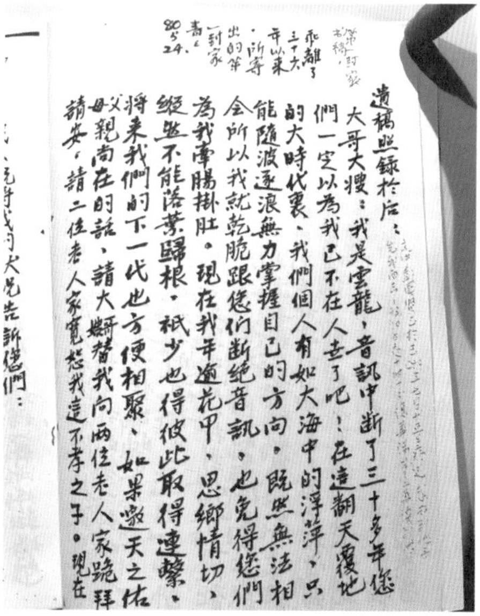
遺稿照錄於后：
大哥大嫂：我是雲龍，音訊中斷了三十多年您們一定以為我已不在人世了吧！在這翻天覆地的大時代裏，我們個人有如大海中的浮萍，只能隨波逐浪無力掌握自己的方向。既然無法相全所以我就乾脆跟您們斷絕音訊，也免得您們為我牽腸掛肚。現在我年逾花甲，思鄉情切，縱然不能落葉歸根，祇少也得彼此取得連繫，將來我們的下一代也方便相聚。如果邀天之佑父母親尚在的話，請大哥大嫂替我向兩位老人家跪拜請安，請二位老人家寬恕我這不孝之子。現在

典藏提供／陳嘉德｜河南汝南

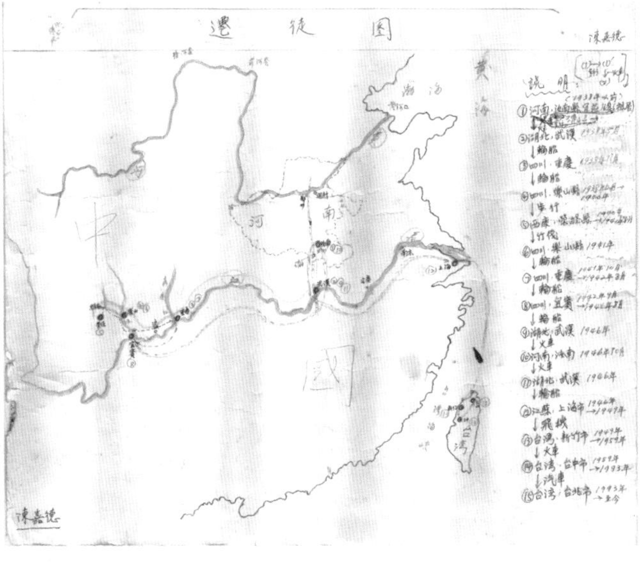

丕變的樓與牆，滿眼蒼涼傾頹，張愛玲的形容，

……心緒酸楚起伏，曾經的繁華因飛機投彈，大地成碎片，青春俱往矣。

莘莘學子搭乘同濟大學的校車輾轉千里，延續求學，陳嘉德即為其一。

晚年，陳嘉德將遷徙路線繪製成地圖，

記錄其一生的軌跡，與兒孫踏上當年的流亡之路。

胡秀苑醫師在陸軍 803 總醫院持有「附設民眾診療院收費標準表」，內容含括各科的診療項目，急診掛號費為 10 到 20 元，而那時教師月薪約為 750 元，平均日薪不過 25 元，前往醫院看診對百姓而言是筆不小的支出。

胡秀苑於 823 炮戰期間，自願駐點金門救治傷兵，有「胡一刀」美稱。

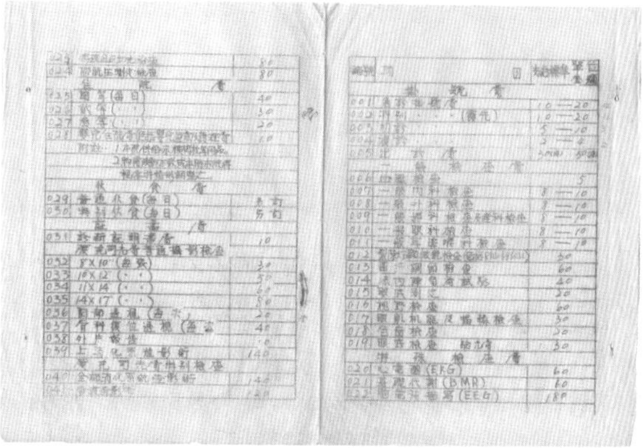

提供／胡秀苑｜湖南晃縣

提供／楊裕昌｜山東清平

敵軍在後面追趕，逃亡的路上不知有沒有明天，

一張金箔換一個饅頭，這段故事是真的。

總要活下來，楊裕昌請銀樓將金磚打製成好幾張金箔換饅頭。

兒子楊家駿寧願相信父親已不用再挨餓，所以才沒用到最後這一張金箔。他將金箔裱框，掛在辦公室最顯眼的牆面，傳遞這段歷史。

臘肉老爹彭中為生活拼搏，
一生福壽雙全，兒孫滿堂，
珍惜遷台後的和平與安定，
更感恩歲月有情。
來到百歲人瑞年紀，
得以辨識生命雖然無比艱辛，
卻也擁抱所有美好。

忠肝赤膽去從軍，亦俠亦儒亦溫文。
如今，萬永順已老，用放大鏡回望人生，
霞光與華燈輝映，多樣的輪轉。

婦聯會空軍分會第 14 支會縫紉訓練班，穿著精美旗袍的婦女，
曾是全台灣最具實力的婦女團體。
1950 年由蔣宋美齡創辦此會，接任的是辜嚴倬雲，
興辦教育、捐助弱勢、興建眷村及慰勞國軍，
以「聯合中華各界婦女，信奉三民主義，效忠中華民國，
增進國軍福利，服務國家社會」為宗旨。

當時只道是尋常，然而在追憶中，咀嚼往日的尋常，
竟都是眷村生活珍貴的點滴。
齊力吞忍著遷台後的苦難，風瀟雨晦中，
撿拾被風吹落的瓦片，堆疊起來，等著天晴修補屋頂，
斷裂的木塊，為破籬笆再添新裝。

有沒有後悔當年渡過黑水溝的選擇，
與家鄉親人一別就是半個世紀？
老人說，被政府照顧了幾十年，
現在年紀大了，什麼也做不了，
還有得吃有得住，有醫生看，也不錯的。

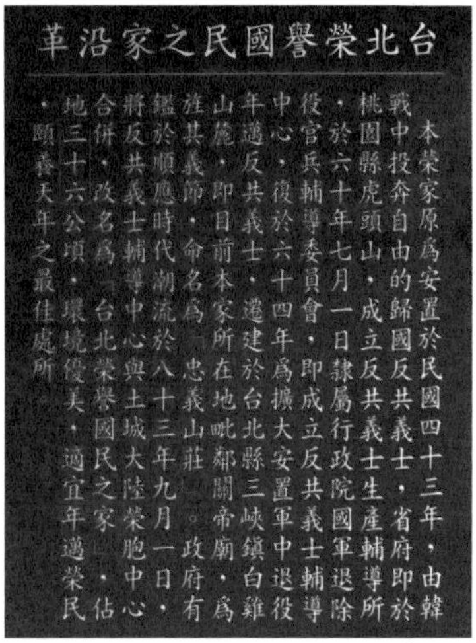

我們熟知的榮民之家，照顧過上萬位榮民。三峽「忠義山莊」那滄桑滿臉、孤獨噬蝕的身影，彷彿是一輛載著悲劇的時代列車。

朝鮮半島停戰後，中共戰俘 1953 年由基隆上岸被表揚為「反共義士」，訂 123 為「自由日」，鼎盛時期有四千多人，他們從年少來台，如今已坐上即將抵達人生終站的末班車。

開放探親後，老兵選擇落葉歸根，年輕一代已根本不曉得 123「自由日」。

記憶的梗上，兩三朵娉婷，
那是開在田野的歡笑，引我一路振作，
非要戰勝歸鄉，再聞野荷的香馥，每一瓣靜處的月明。

人們常說，歷史是一面鏡子。
又說，歷史是我們的來處。

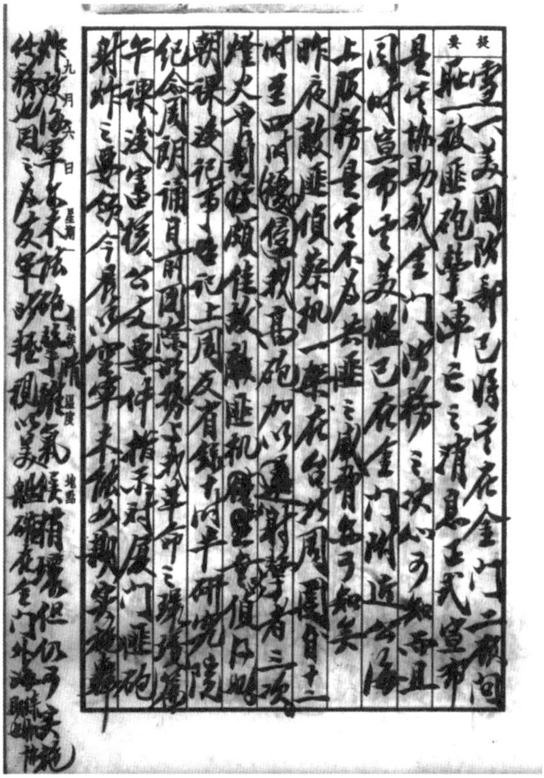

蔣介石日記記載
敵匪偵察機一架，
在台北周圍自 12 時至 4 時侵擾，
我高射砲加以射擊者 3 次，
燈火管制頗佳，
故匪機無所偵得也。

九月六日　星期一　氣候：晴

雪恥：一、美國防部已將其在金門二顧問被匪砲擊陣亡之消息正式宣布，是其協助我金門防務之決心可知，而且同時宣布其美艦已在金門附近工海上服務，是其不為共匪之威脅亦可知矣。

昨夜敵匪偵察機一架，在台北周圍自十二時至四時侵擾，我高射砲加以射擊者三次，燈火管制頗佳，故匪機無所偵得也。

朝課後，記事。記上周反省錄，十時半研究院紀念周朗誦目前國際形勢與我革命之環境篇，午課後，審核公文要件，指示對廈門匪砲射炸之要領。今晨以空軍未能如期實施轟炸，故海軍亦未能炮擊，雖氣候稍壞，但仍可實施任務也，因之為友軍所輕視，以美艦確在金門外海待機協助也。

1958 年 8 月 23 日，共軍以砲彈突襲金門島，
《渡阡陌》中多位老兵都扛起槍參與 823 砲戰。
為了紀念英勇國軍犧牲貢獻，
公園建立一座八二三台海戰役勝利紀念碑，記錄戰況及事蹟。

紀念碑像太空梭，砲彈彷彿直衝天際，和平紀念鐘象徵和平意涵，
許多陸海空軍用以保衛台海的 F-104 星式戰鬥機、
F-5E 噴射戰鬥機、LVT 運輸車、M24 戰車，軍事迷最愛。

THE NATIONAL ARMED FORCES,ROC BROKE THE BLOCKAGES AND BEACHED ON THE KINMEN ISLANDS

村故事館
眷村生活館

詠

北台灣僅存的防砲眷村空軍三重一村，已經改建為懷舊創新共融的文化園區，鄰近淡水河與忠孝碼頭，對望大稻埕，悠閒中，回望父母曾經走過的眷村悲歡歲月。竹籬笆圍著坪數有限的水泥窄屋，客廳擺設藤椅，廚房燒煤球，電扇趨趕暑氣，顯現軍人克難生活。

奢侈的電視與冰箱，成為早期的兩大件，開收音機聽廣播劇和聽唱片，是青春快樂時光，比現今追劇還熱哄哄。村內保存完整眷村聚落，民國 95 年 8 月 28 日已登錄為歷史建築，保留日治時期大型防空洞（地下甬道）及高射砲或 50 機槍之陣地遺址。16 號將軍宅化身文化展區，由沈春池文教基金會規劃，帶領各世代去懷舊。

將官的簡樸居家，時空的緬懷。

空軍三重一村綠景無限美。

別等到老人說不清自己的往事，才驚覺為時已晚。父母的眷村足跡，
像散文，也如長詩，迴盪在腦海，埋藏在心裡，縫綴著過往。
從歷史看見烽火的荒涼，也看見人生的荒謬。
為一整代人隱忍不言的困苦，理出眉目，重新有了溫度和感動。
每一個故事背後都有一頁滄桑，也有著無窮的意志與無盡的悲懷。
經由動亂，提煉生命智慧。
安定中寬闊而幸福成長的第二代，對未來有更美好的想望，
小小島嶼，因著這些善意，看見光的方向 。

古早的生活用品。

《遷臺歷史記憶庫》小書包紀念品，帶回家。

庭園包裹的小屋，傳來溫馨的氣息。

離家前，索予明知道母親給予的叮嚀，
將帶自己到前行的每一方，
臨行密密縫，唯一能與母親連結的，
是年代久遠的藍背心。
母子分隔，和許多遷台一代同樣生死聚散，
浩歎生命的無常。

索孝慈捐贈家族物件，追思祖母。

提供／索孝慈｜湖北江陵

渡阡陌

我家的兩岸故事(二)

財團法人沈春池文教基金會——著

序

為《渡阡陌》作序——近代中國的時代悲劇

——馮世寬（退輔會主任委員、前國防部部長）

我五歲隨母自香港來台，後與父親、兄姐們會合，輾轉落腳在台北市南機場的雙和街，左右皆是國防部及聯勤的大眷村，不遠處是空軍眷村，同齡的孩子們皆在東園國小讀書，平時嬉戲亦在一起，童年甚感愉快。

我父親不是軍人，我在那個環境下、那個時代裡「反共抗俄」、「殺朱拔毛」及「反攻大陸」等口號下，自幼就想當軍人「以天下興亡為已任」了，後如願成為空軍戰鬥機團隊的一份子。

我讀過不少傳記，最引起我興趣的，是抗戰、剿匪的英雄烈士故事，讀後感到無比勵志，時有不畏犧牲、報效國家之氣概。我於民國七十年曾派駐沙烏地阿拉伯王國

你們的
大鵬 於台北
民113年2月15日

當副武官，協助「大漠案」順利遂行，亦於五年後派駐美國軍協組任空軍武官，眼見沙國以油產富國，美國以軍、經建設成為世界領袖，不由得對八年抗戰後百廢待舉時，發生「國共內戰」而思。為何昔時竟致民生於不顧，國家建設於廢弛？我們的軍事教育當然是仇匪而「國家至上」，沒有其他想法。

在卸任國防部長後，奉令籌建「國防安全研究院」智庫之設立，自己也有較多時間接觸更多戰史、傳記及國際情勢，方知「國共內戰」充滿了外來勢力在華的鬥爭。

從清末衰敗至迄今的中國現代史，就是部外國人侵華史，以大陸之地大物博但國力孱弱，竟成了國際的俎上肉，內心實有悲痛！幸我中華兒女不畏犧牲，留許多可歌可泣，護國衛民之史實，讀來奪人眼淚！

今日我們以對先賢先烈虔敬的心，傳承了我們在台灣仍保衛著中華民國，向青天白日滿地紅的國旗禮敬，今為《渡阡陌》一書作序時，特以心中的感慨，至情至性的回顧起以往的戰火漫延、人民顛沛流離，留下不可抹滅的世紀悲劇。今願戰火永熄兩岸和平、人民安康樂利、自立自強、生生不息！

序

流水往事，舊如新，新如舊

——石靜文（沈春池文教基金會秘書長）

盡己之力搶救遷台歷史，以紀錄片與出版品相互輝映，期許為「我家的兩岸故事」書寫再增添一筆可觀的文史財富。

「能多讓一個人看到，就是多播下一顆新希望的種子。」以同理心關照當下所思所想，即使被訪問者的場景充滿傷痛，但若能夠藉由敘事將之轉化，也未嘗不是對生命饋贈的另一禮物。

兩岸人物瞬息的遺懷與永恆的鄉情追憶，是沈春池文教基金會多年來長期的關注，二〇二三年初，我接下沈春池文教基金會秘書長職務以來，透過詳盡的口述歷史，與許多長輩的接觸與認識，在面對彌平世代對文化認知的差異下，覺得更有必要藉此機會，多些相互的理解與相容。

「不為公益之事，何所有涯人生？」文教推廣工作深植於心底的使命感，日積月累轉化的深耕砌痕，豐藏著遷台記憶的驅動力。緣於此，一方面如實治理自己，也和團隊伙伴們共同逐步連結著如閃星般的善念。

我相信，文字最能帶出難以測量的時空。「我家的兩岸故事」系列第二冊《渡阡陌》，仍延續「搶救遷臺歷史記憶庫」以人物故事串穿大時代的主軸，在靜心翻頁的當下，也希望這個長耕深耘的計劃在紙本的溫潤提味下，定錨直面初心。

面對面的聆聽與書寫的每一個當下，是起點，是回望受訪者「敘事」的開端，也無異重構著彼此的生命經驗！「這些故事不寫下來，很快的，就可能永遠在塵世消失，連知道的人都沒有了。」填補時間巨輪輾過的遺憾，無異也是基金會留下那個時代忠和義的一種必須。

《渡阡陌》廣博透視浩如煙海的遷台文史，亦銜接極盡真實的人本堂奧。書中各人物莫不是歷經滄桑，充滿著曾經的青春懷想與喟嘆，在無數少年老成卻無奈奇特的世故中，有思鄉，更有展望。漫長而艱辛的歲月，在勇氣和毅力間擺渡，受訪者縱使經歷千苦萬難，卻沒有失去對人世間的體諒與企盼，並在愛的視野中和解，放下心中牽絆。

書中提及的空軍三重一村，建構著史蹟保存的眷村美學，防砲司令的家曾在此度過遷台後的克難時期，同時也匯聚了數十年抹不去的四代家人成長的記憶。而眷村早已從心靈交會的原鄉，取代了原有的他鄉概念，這裡的眷村媽媽們，無論曾否經歷過戰爭、別離或不同的家鄉與背景，大家共同在此落地生根，繁衍子孫，在竹籬笆內築起茁壯的根苗。而我們，被賦予的是將其整理後變成另一個說故事的場域。

黃埔軍校建校即將一百年，我們採訪鏡頭下的黃埔老將領背誦著他們的校訓，揮揚著劍柄一邊刻著「成功」、一邊刻著「成仁」的中正劍，那是軍人最重要的榮譽，亦是最輝煌的驕傲。曾經擔任飛行教官的將軍兩度失事墜機，口中說的雖是順從命運，但其實傳遞的訊息卻滿是不畏命運。而他們用生命書寫的故事，也不過在告知戰爭的可怖，以及他們曾在迎接大時代奮戰時的無懼！

將相似卻各有軌跡的記憶付梓成書，或許也是增進相互理解，凝聚歷史認同的一種方式。當白髮蒼蒼的老兵在兒女陪同下敘說著他們的綿綿舊情時，那些曾對一九四九歷史原本漠然的世代，竟意外圈出一個彼此體諒的群組，而採訪團隊浸潤其中，不由得感動，也深受啟發。

戰爭帶來慘絕人寰的不堪回憶，荒島求生的部隊，當淚見那原本純潔美麗的野百合，為果腹而不得不將其變成光禿哭泣的枯島時，所謂的靜好歲月，不過也只能是簡單的求生。

在眾聲喧嘩的時代裡，《渡阡陌》譜寫的是時代的悲歌與讚嘆。讀者或可感受，很多經驗看似孤立，卻又是集體而相似，那共同的傷痛和喜悅分享，是歸屬，也是撫慰。命運並無定數，僅以本書緬懷苦難的年代，祈願流水往事，舊如新，新如舊！也祈盼「躬耕農田，出入阡陌」的桃花源盛世。

序 搶救遷台歷史的在地性與國際性

——范姜泰基（桃園市客家事務局局長）

一九四九年因國共戰火從大陸遷到台灣的時代悲劇，無疑是中華民族歷史中一頁獨特的篇章，而這個議題也極具國際性，值得全球更多關注。

沈春池文教基金會的《搶救遷臺歷史記憶庫》計畫自二〇一八年正式啟動以降，始終在逆風的大環境中奮力前進，五年來在庶民、斷代歷史保存方面已經卓有所成，過程中也屢屢有「吾道不孤」的溫暖感受。

任何一個歷史事件，都絕非在真空環境中存在，從時間的縱軸來看，它有遠因形塑結構的限制，同時也有近因觸動事件的發生；除此之外它也受到社會環境、國際現勢等橫切面因素掣肘。《搶救遷臺歷史記憶庫》每一位遷台長者的影音訪問，絕非僅是單純的口述拍攝，背後都有基金會同仁仔細爬梳、力求真實的孜矻努力。

中華眷村文化發展總會理事長趙怡曾評析，一九四九年，兩百萬軍民渡海來台，是中華民族歷史中一次最大規模的遷徙。從這個角度來看，遷台歷史保存有絕對的在地價值，「在地」並非僅有現行社會主流「台灣化」的單一面向，無論個人政治傾向為何，斷然無法否認這一段遷台史存在，更無法抹煞大陸菁英遷台是台灣早年穩定發展的人力基礎。

這樣的流離遷徙，無疑也是一個全球性議題。論及民族的隔離，東西德、南北韓均是前例，前者已經重新整合逾三十年，後者兵兇戰危的情勢無日無之。另從全球人民離散的角度觀之，根據統計，截至二〇二三年六月底全球有一點一億人流離失所，而聯合國預計到二〇二四年將有超過一點三億人。或許流離的原因未必全因戰禍，然而非自願性、僅有極少（甚至全無）資源遠離家園，又有與一九四九年遷台潮頗有若合符節之處。

流離的下一階段勢必迎來融合。基金會刻正進行另一部紀錄片製作，旨在描述客家族群與泰緬返台孤軍的融合發展。未來還有陸籍融合、新移民融合等議題有待開發，期許基金會任重而道遠。

在基金會任職兩年有餘，由衷佩服沈慶京董事長願意以一己之力，投入吃力未必討好的歷史保存工作；石靜文秘書長以媒體人、文化人的身分帶領團隊前進，一年以來成果豐碩且有目共睹。

《渡阡陌》是此「我家的兩岸故事」系列在《疾行船》之後的第二本書，也樹立一個歷史研究新的里程碑，見證搶救遷台歷史不僅是在地議題，更是一個備受關注的國際議題。

序

記憶的慈顏，隔海相見

——李碧華（主編）

湖江有來處，離海有歸程，時光流動太快，許多舊事都來不及記錄，瞬間就消逝，沈春池文教基金會因此架起「搶救遷臺歷史記憶庫」，拍攝數百部磅礡紀錄片，再也以細緻紙本補遺。

系列出版的書籍物無異是豐藏與驅動的印證。書籍是世間少數不會消失的事，生命多數的發生如流光，也如浮雲，但印成白紙黑字後裝訂成一本書，它就真實存在。也因此，《遷臺歷史記憶庫》紀錄片與出版書籍雙線進行，影像與文字相融在記憶庫，深化了一九四九年後的中國人

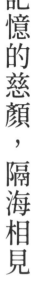

世紀大遷移。

歲月賜予年齡的外顯，口述歷史的老人多半重聽，由孝順兒女協助對話，存留幸福影像。取《渡阡陌》為書名，望向的是南北交錯的田埂，看來四通八達，卻又前途茫茫。時代兒女渡海來台，要渡到那裡去呢？腳踏泥土，竟是這樣的迷惘。

《渡阡陌》編撰團隊感性敘事，呈現更多時代感，以往昔為借鏡，以筆墨入軍魂，吐露歲月迴聲。每個曾經發生過的尋常，如今回憶，點點滴滴都帶著淚痕。團隊的力量足夠做這個世紀文化工程，提煉、搜尋與翻轉，給予兩岸紀實正面省思，連結百合與黃菊的懷想。

走過時代動亂，台海世紀大遷徙後的歲月逐步安逸，渡海前輩更體認「島嶼無戰事」的不易。講的人，講一次痛一次；聽的人，聽一回嘆一回。離鄉在碼頭、道別於機場淚水撲向椎心時刻，「鐵幕」的顫慄終因停火而各自築起新地貌，新世代……為追尋至親故事，相關文物的典藏是個含淚的線索。

遷台老人面臨什麼困頓？朝思暮想的親人歷經什麼傷痛？兩岸來往後，什麼是深厚的激勵，又怎樣溫情連結？「離家之書」編撰過程悲喜交集，既聽見受訪者提到流離失所的砲聲，也說到天倫團聚的炮聲。訪談間流動真實與悲憫，聽聞著同文同種同血脈，一九四九就是分合密碼，隨時隨地都是起點。

坦然面對，才能加速癒合，自「疾行船，我家的兩岸故事（一）」成為動亂紀實後，開拓了世代理解之路，一生唯一經歷不變的愛，是國，是家，是父母親。「山川異域，日月同天」，本書第一單元懷抱著保家衛國的黃埔軍魂，「鐵騎突出刀槍鳴，四弦一聲如裂帛」，為國抗寇忘命拼死；大將軍蕭知三、張體安、黃世忠與胡宗南隨軍退守台澎金馬浴血砲戰，孤膽懸命立錐台海，太平悠悠七十載年。

第二單元，曾經燦爛，黃昏卻臨，探索人生的勇氣與善良，標註在楊樟富、陳錫煌、金光、萬永順與杜成山身上，他們被戰爭改變了命運，穿越時代征戰，觀照史實後，擁有富國強民的能力。老兵成功創業，劉哲基的蘋果麵包必然好好記上一筆，「文將」梁爾玉因戰亂被迫從軍，風骨裡深藏文人基因，絕不放棄任何讀書機會，五十五歲考上台大外文系，為文人報國樹立典範。

被抓兵回不了家，卜占才投身韓戰後來到台灣，背上刺有「反共義士」四個大字來表明反共決心，雖然上岸時坐卡車遊行，受到民眾夾道歡呼。中醫先行者馬肇選以

「打倒蔣校長，擁護蔣總裁」口號協助省長平息江西學運，接近黨政軍權力核心，卻選擇作育英才。

戰後女性這一代終究已難規避歷史答卷，陳鳳馨、傅依萍與李花崗，她們是媒體界菁英，當年雙親鞋底帶著家鄉的泥土，離岸遠漂，兩岸互通後，由下一代僕僕風塵奔於回鄉望祖。

沒受過正規教育，連簽名都有困難的眷村媽媽盧雪芳親筆寫下三十萬字的回憶錄，寫下八年抗戰逃難的悲歡離合，文字娟秀，文筆優雅。千金小姐豆蔻年華時節因戰爭而落難，以書寫療癒，攔截如夢的記憶。

「京華煙雲」的老夫人趙莎，少女時代活潑好動加入康樂隊，從山東遷到台灣後，帶著兒女北漂走進電視台演戲，既圓了夢，也養了家，在世間瀟灑走一回，無不寫下傳奇女力，留下屐痕。

故鄉他鄉，迢迢千里，番薯與芋頭結下百年好合，紅塵逆旅，今生總有相與的人。為老兵的族群和諧喝采，姚雲龍娶山地之花為妻，豪邁的萬永順和湖南臘肉王彭中與客家妹結親，他們聞達堅韌，把生命高舉在塵俗之上。

壓軸的篇章是舊物絮語，遷台第一代的絕版典藏品在《渡阡陌》中盡收眼底。有戰爭砲彈遺物、泛黃的機密文件、無科技的手作與來往通商的錢幣，還有故鄉攜來的傳家寶。後輩是捐贈，也是保存，更是典藏，往後世代子孫來到沈春池基金會文物館，睹物思親，與時代同嘆的講述家族故事，總是數度哽咽而講不下去，發生的悲劇都情非得已，卻仍忍不住要呼喊，「為什麼是我？」

受訪者一生橫跨近百年，有幸躲過隆隆炮火而得以避居島嶼，享有七十餘年和平安定，這轉折如此壯闊詭譎，短短幾千字怎描述得萬一？只能濃縮其菁華而自遣遺珠之憾。一弦一柱思華年，名將老兵書寫浩瀚歷史，往事難如煙、舊夢不如塵，年歲越大回味越深。從年少時的壯志到人生黃昏裡的智慧，這是一本橫跨時空，遼闊深遠的類歷史課本，情懷如夢，行文也如詩。

推薦序

追懷與守護

——詹明儒（「中外文學」短篇小說獎、長篇小說百萬文學獎、巫永福文學獎、時報文學獎小說甄選首獎得主）

生為中國人，尤其二十世紀的中國人，是一種歷史悲哀，也是一種上帝的榮寵。

這段期間，漫長百年，中國歷經四度動盪與戰亂。一九一〇年代的推翻帝制建立民國，一九二六年至一九三七年間的北伐、第一次國共內戰（剿匪），一九三七年至一九四五年間的對日抗戰、第二次國共內戰，一九四九年至今的國府撤退台灣、國共冷戰；中國舊傷未癒，新傷又起，中國人簡直毫無療傷止痛的機會，甚至連忍痛喘息的空檔都沒有。

這是中國人的悲哀。我是台灣人，從未去過中國，不知中國民間一直以來的整體康復程度，但我大致耳聞目睹過，跟隨國府撤退來台的中國人，散居台灣各地的世代狀況，尤其是那些淪落社會角落的卑微老兵的處境。他們有如被強迫移植異地的草木，小部分因沉重傷痛而凋零，大部分則在一陣秋霜冬雪過後，老葉落盡，一陣春風吹來，新芽又生，已經在台灣繁衍三、四代了。許多行有餘力者，甚且無恨無仇，以德報怨，以台灣的資源回饋了中國。

從老葉落盡、新芽又生的堅韌過程，以至回饋中國的緬懷親情，正是上帝試煉人性的珍貴體現；所以我說，這是這部分中國人的上帝榮寵，因為他們有機會落實並呈現了，這份生而為人的生存意志與生命價值。

我擔任國小教師時，曾經跟輔導會輔導轉職的基層老兵共事過，也寫過他們的悲歡離合，但都是一些間接取得的口述資料，有如隔靴搔癢，不能痛癢入心。《渡阡陌》這本新著，是團隊親自採訪的第一手故事，篇篇真實感人，不僅搔至癢處，進而搔至痛處，令人見血見肉，痛到眼淚直流，值得大家用來沉澱歷史糾葛，廓清世代命運。

我接觸過的老兵，有人將台灣當作自由民主的「燈塔」，有人視為安身立命的「義島」；台灣的重要性，先總統蔣中正也曾經說過，「退此一步，即無死所」的訓示。閱讀《渡阡陌》一書，恰可懷前惜今，步步為營，不分你我，共同凝聚一份政治民主、社會樂利的信念，藉資延續眾多老兵犧牲奉獻，守護家國的大愛！

推薦序

莫負今生情

——林野（青溪新文藝散文銅環獎、全國優秀青年詩人獎、時報文學獎散文首獎得主）

出生在一九四九年大撤退前後的三年級，對於時代的離亂可能僅是懵懂的歷史，為什麼要來台灣？台灣如何從異鄉變成許多人的故鄉？單薄簡略的史地課本避而不談，小時候在眷村的院子裡聽長輩們聊天，逐漸知道所謂的顛沛流離，目的是為了活下去。

《渡阡陌》收集了在時代洪流發生過的故事，是受訪者傳承了父母血淚的經歷，鑄成一生銘心刻骨的記憶。外省眷村的第二代，是台灣的特殊族群，家無恆產，為了出人頭地必須踔厲奮發，力爭上游。然而，轉眼第二代也屆耄耋之年，是輪到這群老小子講故事的時候，重要的是需要聽眾。

口述歷史貴其真，官式的謳歌頌揚常常不是歷史，有些資深國民的窮山惡水經驗要比不經世事的文史學家來得道地生動，年輕時聽到的鄉譚巷議，如果加以考證，融會貫通後會得到恍然大悟的答案。受訪者要均衡，要涵蓋軍公教和平民百姓，人物多元化，才能還原客觀的大環境的面貌。

許多人從兵荒馬亂的時局流亡來台，生活困苦，白手起家，雖命懸一生，不失精采，至少他們能夠心安理得，有尊嚴地活下來。我們的三年級是最幸運的世代，儘管兩岸曾經敵對，卻能夠平安地受完教育，讓生命之樹在台灣開枝散葉，每個年輪有那年的感情記事。

我們見證過台灣最好的年代，只要努力就有希望的時光。那些生命故事應該是公諸於世，點亮發光的時刻，無論是親自撰述或由人代筆。沈春池文教基金會策劃《渡阡陌》的出版，勿讓船過水無痕，也前行阡陌，是藝文界的大貢獻，媒體專業團隊將每一篇訪談串連成書冊，期待催促更多的船，穿越歷史的煙雲，載動每個人物今生的悲歡離合。

推薦序

眷村裡的女人

——劉又瑋（吳濁流散文獎佳作）

讀「我家的兩案故事」二十個老兵故事的新作，幼時居住在空軍眷村的記憶鮮明地躍入腦中。亦如〈鍾德英，李花崗——雲端黑蝙蝠，凡間七仙女〉的故事中所描述的情節，空軍飛行員的妻子總是在丈夫出任務時揪著一顆心，焦慮難安，只盼良人平安完成任務歸家。

往昔幼小的我，也能感受到母親在爸爸出夜間飛行任務的日子裡，那隱隱然如地底騷動的火山之憂思和緊張。長期為此種不安所苦的媽媽，甚至因此患上耳鳴與失眠之症。

保家衛國的飛行員，英挺而勇敢，背後多有這樣一位以丈夫為天的妻子，將丈夫的生死安危交給國家。《渡阡陌》書中的鍾德英亦然。

「太太們顧家等先生落地，每個女性都有長串的驕傲和心酸。為國為民，犧牲奉獻，這是舊時代一致的認定。」

為國為民犧牲奉獻的不僅是英勇的飛行員，還有他們背後的隱形支柱，空軍眷村中的女人們。她們或擁有溫婉優雅的形象，或爽朗活潑的性格（往昔大眾所認知的飛行員太太不外乎這兩種類型），然而論勇敢堅毅也往往不在其良人之下。

鍾德英任職於黑蝙蝠中隊的丈夫李澤林於首爾為國捐軀之後，儘管身邊擁簇著六個嗷嗷待哺的幼齡女兒，但她一再婉拒了華興育幼院收養幼女的善舉，只因「不願在失去丈夫之後，再與孩子分離。」這份勇敢決定了母女們往後的命運，鍾德英此後在無心插柳的因緣之下，經營房地產致富，使女兒們無經濟之憂地成長。

如此戲劇性的故事不僅僅是紙上的文字，而是亂世的悲喜圖像，命運的詠嘆調。二十個自海峽對岸遷台的老兵之人生紀錄，在《渡阡陌》書中娓娓道來，成就了一頁頁時代的傳奇。

推薦序

找到塵封的血淚

——邱瀟君（中國時報報導文學獎、語島文學獎新詩組首獎得主）

二〇〇八年八月，我陪女兒去中國參訪，偶遇從未見過的家鄉故人，才知道爸爸跟我們說的故事：十九歲當小學校長，出入有兩個衛兵跟著，假裝到岸邊送遠行的媽媽，最後一分鐘跳上船來了台灣，原來這些都是活生生的故事。

我深深惋惜爸爸在世的時候，我沒有好好傾聽記下。

可惜我沒有學會教訓。媽媽走了之後，我拼命拼命想，只拼得出她逃難之前外婆給她兩個饅頭的故事。

去年返台，偶然翻看伯父生前日記，找到塵封了幾十年的血和淚。

我們的上一輩大多走了，如果我們不去翻翻抽屜，問問鄰居，這些故事永遠不會有人知道，不會再有人記得了。「從父母親一九四九大江大海的故事，小兵王永貴對他們一家子的赤膽忠心，到一個傻里傻氣的台灣小妹，用一顆良善的心，無一不是可記取的人間風景。」這是我的創作，也和《渡阡陌》一樣，替我們把好多舊事的灰塵蛛網抹開，讓我們一起看看前輩們曾經走過的路，知道我們血脈中曾經歷過什麼⋯⋯。主編內涵豐富，筆力沉穩，「我家的兩岸故事系列」在書市揚善起饋，獨樹一格，這個社會迫切需要這份心意。

我家的兩岸故事系列（二）延續初心，《渡阡陌》收錄的兩岸悲歡離合，更賺人熱淚，留下無限追思。

目錄

輯二 四海的匯聚

輯三 女性的天倫嚮往

輯四　老兵的鄉愁

輯五　舊物絮語——遷臺一代的典藏筆記

輯一

保家衛國大將軍

眷村的幸福天倫
宛若時空符碼

蕭張世英

來到台灣胼手胝足，追隨著領袖，希望有一天反攻大陸回到家鄉。豈知，一個轉身就是永別，再難相見。發揮軍人賢內助本色，蕭張世英落腳空軍三重一村，既操持家務，向左鄰右舍學得各色家鄉菜，縫衣製裳也得心應手，傳頌著遷台後物質缺乏，精神卻豐足的眷村天倫。

守護夫妻的恩情與緣分，一輩子珍惜。

淡水河畔的空軍三重一村遙望大稻埕，「生活的流域，左岸三重埔」，防砲司令蕭知三將軍府座落十六號，化身文化展館後疊映戰後真切的際遇，宛若大時代小切面。

如此獨特的眷戀之村，構築出島嶼移民文化的熔爐，拉起一九四九年國民政府遷台後的常民風景。「一年準備，兩年反攻，三年掃蕩，五年成功。」反共抗俄標語還牢牢貼在石灰牆上，竹籬笆內像火柴盒的方正水泥平房，長官黑白照片高掛客廳半世紀，聽到「蔣公」兩字，白髮老兵還反射性地立正敬禮。

時代的氣味牢記心中

將軍府女主人蕭張世英每年都重回這看看老房子與老鄰居，相框中的親人彷彿對著自己微笑，像往昔一樣熟悉，「住在這裡很快樂，孩子不必往外跑，都在村裡頭玩。」以懷舊視角靜看紅色大門左側新築竹籬笆，右側則是塗鴉水泥牆，彩繪當年颱風過境的狂風暴雨。

懷念老歌從老派，快轉不動的留聲機傳出……「那不是小時候的鄰居嗎？」蕭張世英因二〇〇七年遷村而移居板橋建華新城，時代的氣味牢記心中。這兒曾響起縫紉機聲，聞到家鄉滷味，聽聞南腔北調，留著長鬚的百年大榕樹為高地遮蔭，飛鏢、沙包與踢毽子是尋常俯拾的童趣物件，「你家有的，我家也有」，玻璃彈珠藏有時空符碼。

已高齡九十三歲的蕭張世英，邁開軍眷「不怕苦不怕難」樸實本色，暮年獨立生活，從不勞煩他人過多照顧，和兒子蕭濂溪陷入回憶說，日治時代的防砲配置和地下甬道遺址還在，六門砲攔截敵機轟炸台北橋及總督府，尚可見到三座日軍砲座的遺跡，四通八達作為砲陣地指揮所的甬道儲存彈藥，各個陣地士兵便於移動。

將軍府老物件經歲月淘洗，光影浮動。藤製桌椅櫥櫃完整如初，顯現女主人的井然有序，廚房有大灶和蒸籠，重現昔日忙碌的身影。而陳列於客廳的「中央陸軍官校第十七期畢業生紀念佩劍」尤其具有紀念性。

蕭知三海外受訓嚴謹，習得航空專業。

蕭張世英初衷是，「如果物件只放在家裡，也就那樣了，但捐給基金會，可以被好好保存。」黃埔軍校校長蔣介石親自頒發畢業證書及證章，刀柄處一面刻有梅花紋飾及「校長蔣中正授」五字的「中正劍」，另一面則刻上國民黨黨徽紋飾、「中央陸軍軍官學校畢業紀念」以及「成功成仁」四字，勉勵黃埔學生謹記革命精神。

被時代養成的能幹主婦，蕭張世英相夫教子。

精研防空專業，立下戰功

因「謹記」，蕭知三被大小戰爭鍛鍊成一代名將。他一九一四年出生於湖南，就讀湖南大學建築系時發生九一八事變及一二八淞滬戰爭，往武漢投考航空學校，歷經筧橋航空學校學習飛行及中央軍校防空系進修高射砲，在武漢與重慶地區立下戰功。

回溯那熱血而光燦的歲月，一九四七年，蕭知三赴美國德州艾爾帕索空軍防空飛彈學校，在軍事武器試驗場，觀察到美軍自納粹德國手中擄獲的跨時代新型武器V2飛彈。使用傳統防空砲武器的蕭知三智識因此受到衝擊，為日後防砲司令任內防空飛彈、攔截飛彈的戰術運用奠下基礎，成為國軍新一代防空戰略與戰術的擘畫者。

上了戰場，市井因抗日而蕭條，湖南更因補給線被切斷而嚴重缺乏鹽巴，蕭知三在四川寫信問母親說，「家裡需要什麼東西？我給你買。」鹽巴是母親期待的禮物，將軍因此沉重的背起如巨石的鹽塊，回到家打碎再重裝，呈現荒涼年代不可思議的珍貴。

防砲司令，定居空軍三重一村

回憶抗日烽火逼近的一九三八年長沙大火，逃不掉的老百姓不幸葬身火海，當時蕭知三擔任小隊長，到一九四一年也目睹重慶大轟炸，關閉的隧道吸不到空氣，上萬人因此不幸喪身。

一九四六年，蕭知三前往美國堪薩斯州指揮參謀大學速成班進修，每天苦讀到半夜，前越南總統阮文紹也在同一個寢室挑燈用功。

帶著反攻大陸的憧憬，蕭知三以為只是暫居小島，懷抱終有一天再返老家團圓的期望，未料在台灣娶妻生子落腳七十年，傾聽歲月如那交錯著他鄉和故鄉的餘音。

蕭知三征南闖北的那時節，四川眉山姑娘張世英站在成長歲月的那一頭，同樣也伴隨戰爭而無寧日。「飛機來了一批了又一批，三天兩夜警報都不間斷，燒房子的砲彈，染紅半邊天。」所幸鄉下未遭空襲，全家得以保住平安。

「也許很快就回去了。」坐上運輸機飛向台灣時，蕭張世英也和將軍想法接近。從成都機場起飛廣西，再到海南島三亞，降落嘉義後無乾糧救急而初嘗飢餓的心酸，「中途停在廣西找不到食物，到了海南島的才吃到第一頓。」飢寒交迫的抵達虎尾空軍宿舍，也才開始領到食物裹腹。「沒有逃過難，不知道這麼恐怖。」

婦聯會空軍分會姊妹們，一起努力向上。（前左五為蕭張世英）

有緣千里來相會，一九五二年猶在遷台艱苦初期，三十八歲的蕭知三娶進年方二十的蕭張世英為妻，相差十八歲的英雄佳麗在空軍總司令王叔銘證婚下，領到公家一套婚紗，貴森森的高跟鞋則忍痛自己買下去，讓拮据的舊年代，以四十五塊錢的高跟鞋增添婚禮華麗又溫柔的排場。

「尺布寸縷，拮据持家」，就只華麗這一夜後，新嫁娘馬上回歸克難，接任蔣夫人婦聯空軍分會縫紉班分會主委，教授軍眷縫製衣衫。「葛樂禮颱風來的時候，收到好多國外捐來的衣裙，」以巧手把毛料裙改成小孩子穿的雙層大衣，一穿就三年。「剛來台灣那樣窮，卻懷有無限憧憬。」

身經百戰，經歷無數波折

貧窮歲月中，最怕颱風來襲。空軍三重一村寫實壁畫為蕭張世英帶來回憶，小男孩在鴨母船上玩耍，畫的正是葛樂禮颱風淹水的寫照，幾十年飛逝，猶歷歷在目。「因防洪排水不足，村落屢遭水患摧殘，漆黑的颱風夜裡，孩子們只得坐在板凳床上，大人站在冰涼的泥水裡哄著……。」現今地勢高低錯落，也是為了防範隨時而來的水災，將軍府前前後後修建多次，一步步加高地基、增建屋舍。

每片磚瓦及每道泥牆都紀錄著遷台後的命運交錯，「身經百戰，經歷了無數的波折，培養出深厚的鄰里情誼。」蕭張世英說，新婚先租屋，然後才分到中央南路宿舍，住了三年，直到一九五六年，空軍司令部籌措十萬元在空軍三重一村修築六戶分配給處長、副參謀長及政戰部副主任等，蕭知三是其一，住進兩間臥房一間客廳的甲種房，全家省吃儉用撐到一九七六年，存夠錢才改裝成現今兩層樓房的氣派模樣。

電視機旁放置檯子，孫女的鋼琴靠牆，和廚房隔一道簾子，大人小孩分住兩邊，直到大兒

蕭知三征南戰北，娶妻成家。

子結婚加添人口，岳母又移民美國才打掉隔牆，擴充作息空間。

未受淹水之苦時節，防砲陣地甬道就變身有趣好玩的防空洞，拿著火把，提著燈籠捉迷藏。頂上有一個水泥蓋住的小土堆，是當年日軍配置彈藥的通道，變成大小朋友探險的鬼屋。「即使孩子們早已結婚生子搬出去，增建的房子仍為他們留下一處永遠能回來的地方。」

全盛期，將軍府擠了十二口人，喜好園藝的蕭張世英與母親種遍花果菜蔬，院裡曾有一棵滿開的櫻花樹，加上漫天的九重葛，交織了歷史上難得的七十年和平歲月，朗朗晴空溢滿歡聲笑語。

這輩子最平穩舒心的生活

一九五七年，蕭知三受到重用調任台北空軍防砲司令部擔任副司令，「將軍英文還不錯，抗戰時期去過印度考察，也熟練英國先進武器。」蕭張世英記得蔣總統經常為了空防防砲情勢召見商議，「先生卻從來沒有跟我講述這軍事機密。」總統三天內就召見一次，一九六七年，被擢升為空軍防砲司令。

和將軍攜手走過艱困時代，蕭張世英感嘆光陰驟然遠去，如此匆匆……，也感受台灣四季如春、夜不閉戶，沒有小偷的美好治安，幾十年也不再遭遇戰爭，「實在是這輩子過得最平穩舒心的生活。」

她欣慰的說，雖然因遠離故鄉而感到孤獨，母親和家人們卻都住一起而互相照應，「將軍常說，既沒有辦法回老家送終，所以用對親生父母的心情善待岳母，寬容孝順，老年人說什麼就做什麼，從不違背。」

大學還沒有畢業就從軍，蕭知三半生處在戰爭中，國共戰爭結束又加入古寧頭金門大戰。「希望永遠不要打仗，平平安安過日子。」在蕭張世英眼裡，丈夫一生單純從軍，從未參加任何社會團體，領口繡有「蕭知三」三個字的舊襯衫至今完好如初，惜物愛物又勤儉持家，一九四二年去到印度才捨得買絲綢。

做事情認真從不貪污而受到尊敬，結婚成家的學生邀將軍擔任證婚人說，「師母呀，老師對我們很好，從大陸到台灣都這樣。」保守舊年代「打兵」管訓，蕭將軍以仁厚慈悲風範，從曾不使用暴力，「金門到馬祖到澎湖到處跑，很忙呀！」蕭張世英回憶裡有無盡的疼惜，「他總是為公家做事，做到生病為止。」

味蕾容納五湖四海

說來，眷村媽媽根本就是舊年代的神力女超人，苦難磨出堅韌，平淡樸實把家庭照顧好，立志成為先生後盾，也替國家社會找到安定的力量。「雖來自各地，但總會彼此關照。」蕭張世英南北料理都拿手，味蕾容納五湖四海，對傳統抱有溫情敬意，也深深體會斯土斯民的善美。「軍人丈夫長年在外當兵，逢年過節才得團圓，妻子於是先滷好菜放冰箱，過節也過冬。」

沒有方便的電鍋冰箱可用，蕭張世英提著菜籃天天上市場買菜，來回耗掉整個上午，回家洗洗切切，司機載著司令返家午餐，多半時候都無暇喘口氣。

蕭將軍接任防砲司令，保家衛國。

感謝共用午膳的山東司機，「我們同桌吃飯，像一家人一樣，好多年都是這樣。」他教她桿餃皮包餃子，北方麵食開始出現在本來只吃米飯的蕭家四川味餐桌上。餃子包子其實比燒飯更費工，揉麵桿皮與包餡……每個步驟都很佔時間，「四川人原本不吃麵食的。」每個月發下來的一袋麵粉，做成包子和餃子餵飽孩子，麵條和蔥油餅也做得有模有樣，麵疙瘩弄成一小團麵粉，加進肉和菜吃得飽足，讓小孩子夠營養不生病，「當軍人就是有這個好處，公家有配給，發油發米也發鹽。」蕭張世英說。

一粥一飯來處不易，成長期的孩子用稀飯搭配牛奶當早餐，營養在捉襟見肘下優先滿足，才能變胖又變高。「必須吃肉，豬肉一斤十元五角，魚只要三元多，上菜市場就找魚販買新鮮便宜的。」蕭知三特別喜歡吃家鄉味的草魚鰱魚，將草魚剁成塊，放上新鮮的紅辣椒、老薑和白蘿蔔切塊燉煮，湯色乳白，魚肉與蘿蔔十分鮮美。

餐桌的豐盛伴隨著家人聚合的歡笑，家庭的滿足簡約而無需奢華。

變花樣做出滿桌家鄉菜

惶惶歲月裡，盡力張羅生活。蕭張世英記得，每年發一本米條、麵粉條和油條眷補證，農會派人高聲喊「發米」，還幫眷村媽媽扛到家裡。十五歲以上大口，其次中口和小口。「米好像比現在硬，倉庫裡面存兩三年才拿出來配給，要花很多時間一顆顆挑撿小砂石。」煙燻了眼，袖子抹抹，繼續翻動米飯，蕭張世英以老經驗煮出香脆鍋巴，引來飽餐的尾韻，煙囪冒出煙，黃昏時節像是給天空著色。

逢年過節宴請親朋好友，蕭張世英獨挑大梁在廚房掌櫥出菜，孩子們則充當跑堂端菜。整夜燈火通明的廚灶，堆高蒸籠形成滿屋雲霧繚繞，大鍋裡熬著高湯，家傳菜費時費工，但非切得細緻不可，磨練日常的凝神斂氣。

每個月薪餉大約五百塊錢，「去美國受訓，薪水才多加美金一兩百，」家用雖然稍稍寬裕，也需捉襟見肘的在食衣住行中仔細算計，免得到月底就發愁。隔壁南京太太講究的獅子頭、辣椒鑲肉和豆皮鑲肉，蕭張世英逐漸也學得八分樣，常給孩子打牙祭。拿大汽油鐵筒來燻香腸與臘肉，成為竹籬笆歲月的年節風景外，為貼補家用，也養雞養鴨和養鵝，「養雞較容易，鴨子長大會飛跑，紅頭鴨一跑找不回來。」鵝更難養，一斤多的大鵝看來碩壯，頭一偏就升天。

隔壁鄰居還養過鵪鶉下蛋來賣，池塘水蛇則常常跑到門口來，颱風狂襲時還看到雨傘節出沒。

近鄉情怯的探親之行

聚首隔著千山萬水，蕭母在湖南過世，將軍駐守重慶回不去奔喪；蕭父過世又被阻隔在台灣。無法孝敬父母，無異是將軍一生最遺憾哀傷的事。

日日夜夜想回老家探親，但軍人身分不方便往返兩岸，直到一九八〇年才輾轉收到湖南故鄉家書，「心怎麼不疼？」紙短情長，老人家燈下激動閱讀著，讀了好多遍，短紙變長信，往昔的面容一一浮現。只希望親人再相逢時，深深擁抱，

孫女回到眷村，探視最愛的蕭奶奶。

覓得良緣，此生永駐微笑。

龐大家族共度溫馨時光，傳承忠孝節義。

拭去流淌在心底多年的酸楚，積壓的思念化為堅強。

一九八一年，八十三歲的蕭張世英和媽媽移民滿美國住滿一年，大陸兩兄一姊得以辦妥簽證到美國相聚，一路唱著抗戰歌曲和「綠島小夜曲」，紐約雙子星大廈及自由女神的觀賞，也聊慰了分離後的鄉愁。

蕭張世英小檔案

出生四川蘆洲，成長於眉山，嫁給防砲司令蕭知三將軍是在一九五二年遷台艱苦初期，定居空軍三重一村，目前開放為眷村文化園區。蕭知三歷經筧橋航空學校學習飛行，中央軍校防空系進修高射砲，在武漢與重慶地區立下戰功。

見證日軍受降
展讀一本會說話的歷史課本

黃世忠

「無愧無懼」為黃世忠將軍半世紀的戎馬生涯做了最好的註解！「貪生怕死莫入此門，升官發財請走他路，榮譽才是軍人的第一生命。」吃人家不能吃的苦，受人家不能受的罪。一九五五年掩護部隊撤離大陳島，一九八七年被任命為軍事情報局局長，有為有守的整頓軍紀。

國軍二級上將，黃世忠曾擔任國防部作戰次長。半生戎馬，忠肝義膽。

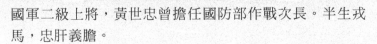

歷經兩岸斷鍊，親情流離，在命運的顛沛中，最可看出軍人的氣壯山河。

一九五五年，國軍在大陳島以及外圍據點一江山戍守甚久，當時與共軍武力相較，海空優勢全無，官兵們歃血盟誓，要與陣地共存亡。

日軍侵華，少小離家

「一江山失守後，大陳島岌岌可危，二月開始，在美軍第七艦隊護航下，大陳島上居民與軍隊奉命遷移至台灣。」陸軍中將黃世忠生

黃世忠（左一）為蔣經國先生（前坐右二）簡報大陳島地區防務。

前口述過往的血戰，歷經歲月淘洗，已成為回憶中深刻的印記。

無數大小戰役，烽火連三月的慘狀，讓黃世忠前半生無時無刻不在驚心動魄中度過。他一九二六年出生於安徽省合肥縣，家中世代務農，祖父在家鄉開設糧食行，經營有道成為地主，父親到南京另立分行，也成績斐然。黃世忠六歲之前隨祖父在家勤習古書，之後到南京與父母團聚，並進入竺橋小學接受現代化教育。

小學畢業甫進入南京的安徽中學未久，一九三七年「七七盧溝橋事變」爆發，國民政府進行戰略撤退，首都由南京遷往重慶，小學生交給家長帶回，初中學生則由校長老師帶領隨政府疏散到大後方。「逃難途中，課業不能荒廢，隨身攜帶了國文、英文、數學等必讀教科書，」揹負沉重的糧食、飲水以及行李，白天為了躲避日軍襲擊，必須趁夜潛行，路途艱難顛沛，沒有一日安穩。逃至湖南的黃世忠有幸未斷學業進入國立第八中學接受初中與高中教育。

獻身軍旅，人生第一場戰役

一九四一年，對日抗戰邁入第四個年頭，政府以「生死存亡、最後關頭」號召青年從軍。武漢已失守，長沙存亡迫在眉睫，正在唸高中的黃世忠因此立願：「國家興亡、匹夫有責，大家熱血沸騰，我也要投筆從戎。」考取陸軍軍官學校第十九期，分發到長沙第九戰區軍訓部，入伍生第二團受訓。

待訓練期滿，日軍已攻至長沙，戰火燃遍大地。黃世忠立即被派往嶽麓山守住湘江渡口以掩護砲兵渡河，之後加入薛岳將軍指揮的第三次長沙會戰，這是少尉排長人生的第一場戰役，隸屬七三軍特務營，「保護軍部、軍長以及軍指揮所的安全，同時蒐集情報，」擒獲俘虜送至偵訊單位問口供，以瞭解敵方軍事部署。

一九四一年，日軍偷襲珍珠港，中日戰爭擴大為太平洋戰爭，大局對日軍不利，加上薛岳將軍用兵有方，促使第三次長沙會戰。獲得空前勝利。「我仍記得當年至第九戰區報到時，薛岳指揮官訓話：『苦鬥必勝、苦幹必成、堅苦卓絕』，」來到台灣，黃世忠任師長再次拜訪薛岳將軍，將當年的訓話完整背誦，得到極大的嘉勉。

第三次長沙大捷之後，黃世忠跟隨軍隊繼續征戰，包括常德會戰、長衡會戰以及贛江追擊戰等等，獲得日本投降的最後勝利。因為通訊傳播的速度無法與今日比擬，所以在一九四五年八月，絕大部分的軍民起初並不知道這個令全民歡欣鼓舞的消息，

「由收音機中聽到三民主義青年團的廣播，宣告日本無條件投降，大夥兒還認為是胡說八道、造謠生事，必定是漢奸所為云云……。」收到上級通知停戰才確定這是事實。在那個風雲詭譎的年代，真真假假難以辯證，世事難料啊！

突圍重生而奮戰，軍人最重要的就是榮譽。

日軍戰敗投降最慘烈一幕

一九四五年日軍投降，第九戰區受降主官為薛岳將軍，在南昌機場接收南昌以及九江地區的日軍武力兵器，駐守南昌機場的黃世忠見證了受降儀式。最令他震撼的是，「我們在押送俘虜以及日本僑民前赴九江的途中，眼見一所日軍的野戰病院陷入火海中，原本前去幫忙滅火，卻被駐防的日本憲兵阻止。」探詢之下才知是日人自行放火，因為院中收留的均是斷臂殘肢的重傷患，「一方面沒有辦法即時上船回國，再一方面，若回到日本可能也無法痊癒，與其回去後面臨家破人亡的處境，不如連同醫院設備全部付之一炬。」

人間至慘，莫甚於此。雖然聽到向日本天皇求救的哀嚎聲此起彼落，當下也無能為力。黃世忠不勝唏噓表示，戰爭中屍山血海、滅絕人性的場面，實在多不勝數。

「一寸山河一寸血，十萬青年十萬軍」的對日抗戰口號震天嘎響，但是抗戰勝利之後，國軍經過整編精簡，許多軍士分文未得，被迫或自願離開軍旅，民心自然渙散，此時共產黨趁機招手，日益壯大。

一九四八年，國共展開徐蚌會戰，「在包圍戰之前，雙方早已交鋒，曾經幾乎殲滅解放軍領導陳毅的部隊，但是美方派馬歇爾上將前來調停，只好暫時休兵，此時共產黨卻趁機調兵遣將，重新佈署。」黃世忠敘述，戰況最激烈時奮戰四十天，冰天雪地、彈盡糧絕，空投物資不足，在不得已的情況下，必須忍痛犧牲拖運戰備物資的馬匹，食馬肉來充飢。

黃世忠回憶，在共軍四面圍堵，國軍毫無增援的情況下，部隊只得自行設法突圍，沿著隴海鐵路線，順著運河到懷安而後到淮陰、高郵、揚州，度過長江到蘇州、上海、杭州、江西、雷州半島、湛江，走到哪，打到哪。一九四九年隨部隊來到台灣高雄，那天正好是聖誕節。

死守大陳，風雨飄搖

行過阡陌、渡過江海，抵達台灣軍隊重新整編後，軍階降級，原本已是少校的黃世忠頓時降為上尉。基於中美共同防禦條約，國軍經過美軍協同訓練，軍力提升，黃世忠所屬的部隊於一九五三年派往浙江大陳島，參與了大陳島撤退的歷史。

「韓戰結束，中共六十萬大軍由韓國戰場撤到東南沿海，預備對大陳島發動攻

「無愧、無懼」為黃世忠將軍生涯做最佳的註解。

勢，」大陳島位於浙江省沿海，老蔣總統的故鄉也在浙江省，所以希望由大陳島反攻大陸，此舉被美國否決而未予支援。黃世忠表示，國防部長俞大維親自搭飛機前往沿海上空查看，也認為海空優勢全無、增援困難，但是蔣介石總統仍不死心，以親筆書寫手諭，要軍民死守大陳島以對抗共軍。「於是官兵們紛紛歃血盟誓，要與陣地共存亡。」黃世忠說。

一九五五年一月，一江山失守後，大陳島岌岌可危，於是這年二月八日開始，在美軍第七艦隊護航下，大陳島居民與軍隊不得已撤退，而掩護部隊的指揮官黃世忠則完成爆破島上指揮所及雷達站任務後，最後一位撤離大陳島，於二月十四日抵達基隆港，結束在大陳戰地為期兩年既艱苦又難忘的歲月。

娶軍人爲妻，蔣仲苓擔任婚禮介紹人

黃世忠指出，當年大陳撤退，國防部長俞大維是關鍵性人物，不但多次親臨勘查，而且一直力諫老蔣總統盡速將部隊撤離，以免無謂的犧牲，而且在當時還將共軍轟炸大陳島的炸彈碎片收集後，交由兵工廠手工打造了多把「大陳之劍」，餽贈給駐守島上的團長、師長。

「我在大陳島上擔任中校營長駐防兩年多，島上既無郵局也無銀行，每逢發放月薪，我就將薪俸用布包著放在枕頭下，出大太陽時，還要拿出來曬一曬以免發霉。」黃世忠回憶，全團官兵皆未成家，唯有蔣仲苓（時任代理團長。國軍二級上將，曾任國防部長）已婚，有家人在台灣，因此在全員決定死守大陳島後，黃世忠將薪水交由

黃世忠娶軍職妻子陸素珍，顛簸的歲月已遙遠，渡海兒女綿延不盡的愛。

蔣仲苓寄回台灣保管。

「若是倖存，錢再還給我，我還要娶妻成家，如果不幸陣亡了，這些錢就留給你的孩子當作教育費用。」後來黃世忠娶了同為軍職的陸素珍為妻，蔣仲苓擔任婚禮介紹人，促成一樁美談。

身經百戰，歷劫歸來

一九五八年，國共「八二三炮戰」打得天昏地暗，黃世忠擔任作戰科科長發生這樣一段：「部隊進駐澎湖，準備增援金門，美方極力反對，但是老蔣總統仍令師長與我，前去金門面見司令官，報告作戰策略，任務達成後，搭乘運送傷兵的飛機回到澎湖。」之後，黃世忠進入國防部，並晉升上校。

除了征戰沙場，多次歷劫歸來之外，一九七八年，黃世忠又面臨了一次死亡威脅，當時他擔任陸軍總部作戰署長，主辦中美斷交後首次自力防衛台灣的作戰演習，不幸於預演時，在岡山上空因直昇機失事，重傷住院半年得救，不幸中之大幸。

一九八三年，黃世忠在作戰次長任內，承辦「國軍防衛台澎三軍聯合作戰《漢興、漢光一、二、三號》演習」，落實全民國防理念，實施動員準備。從對日抗戰「第三次長沙會戰」的步兵少尉軍官，到開啟規劃防衛台灣「漢光演習」的中將作戰次長，軍旅生涯四十餘年獲頒寶鼎、雲麾、忠勤、抗戰勝利等勳章，對國家的貢獻不言可喻，但是黃世忠並不居功：「貪生怕死莫入此門，升官發財請走他路，身為軍人，榮譽才是軍人的第一生命」。

一九八七年，黃世忠被任命為軍事情報局局長，雖然與志趣並未相合，但是他認為「國家需要，就必須全力以赴」，三年任期內整頓組織、汰舊換新，有為有守，成為前總統蔣經國逝世前，最後任命的軍情局長。

歷史不轉身，故里留心頭

黃世忠娶同為軍職的陸素珍為妻，顛簸的歲月逐漸遙遠，擁抱渡海兒女綿延有序的親情。「我太太的家鄉在江蘇崑山，曾帶著大女兒返鄉探親，雖然父母已逝，但是手足均安。」定居台灣超過七十載，子女在各自的工作崗位上都極有成就，令黃世忠

告別滄桑巨變，溯源尋根成了此生的課題。

感到非常欣慰，也足以榮傲雙親。

黃世忠說，自一九三七年日軍侵華，隨著學校撤退到大後方，從此與父母家人別離，抗戰時期種種跡象顯示，雙親應是於南京大屠殺事件中慘遭不測，大陸淪陷後，妹妹又被發配新疆擔任教員，礙於身分特殊，兩岸開放初期並未啟程返鄉。

世事難料、莫可奈何，但是黃世忠曾經委請親友拍照，得以看到老家樣貌，也算稍感寬心。他始終豁達以對過往的歷史與現在的人生，雖然「多少天涯未歸客，盡借籬落看秋風」，以「無愧無懼」為半世紀的戎馬生涯做了註解。

黃世忠 小檔案

國軍二級上將，一九二六年出生於安徽省合肥縣，妻為江蘇崑山人。一九四一年考取陸軍軍官學校第十九期，一九四九年隨部隊來到台灣高雄，參與大陳島撤退，「八二三炮戰」擔任作戰科科長，一九八七年出任國防部軍事情報局局長，獲頒寶鼎、雲麾、忠勤、抗戰勝利等勳章。

從軍已二十八歲
如史詩的戰火浮生錄

胡爲眞

「如果不是國家萬分需要你的話，我真想你現在回來，讓我們找個荒野僻壤去墾荒，不想任何的榮華富貴，只盼望能夫唱婦隨、平平安安過一輩子。」這是妻子葉霞翟給抗日名將胡宗南的書信。

胡宗南1941年於中陸軍軍官學校第七分校河西大操場閱兵，騎馬的英姿。

日蔻侵華烽煙起，讓投筆從戎成為動亂的青春基調。胡宗南一九二四年披上軍裝之時，雖尚不知日後際遇，但國父孫中山在黃埔軍校的演講澎湃於心，沒有一日不提醒「做為一個革命軍人，要以黃花岡烈士為榜樣，不怕死，就是所謂死節。」終身奉行的第一次作戰就寫下遺書：「老百姓生活這樣苦，我非常非常痛心；獻身革命，所做的是什麼？就是要救他們出來。所以，我寧願戰死。」

進入黃埔軍校已二十八歲，老練的社會經驗令同學都叫胡宗南「老大哥」，王叔銘上將甚至在晚年已經記憶不清，只要一聽到名字卻能立刻叫起「老大哥」。

胡宗南檢閱學生軍，對國家忠義的軍容，甚為浩大。

生於理智，長於戰鬥，成於堅苦，終於道義

嚴格遵守軍人法紀，奉行鐵漢紀律，「有一次在南京隨委員長蔣中正同車去國民大會講話，委員長要父親順便也去參觀，卻因為那不是軍人的本分，寧抗命而不願奉命下車。」黃埔男兒的堅強意志，培養胡宗南成為一代名將，軍旅生涯由長子胡為真陳述出無盡的緬懷與傳承，追憶與敬佩……，融匯一本真切民國史。

胡宗南出生在浙江孝豐，山多陵密，七山一水二分田，演繹著祖先開拓的足跡。東征、北伐、統一、剿匪、抗戰、戡亂與保台無役不予，獲得青天白日勛章是抗戰勝利第二年，「對防禦外侮有重大貢獻。」胡為真集合父親的文件日記與口述追憶，從軍團長升到34軍總司令，戰區司令副長官，第一戰區公司令；一九四五年間，向東抵擋日本，向西防禦蘇聯，向北阻止中共，團結西北各方的力量。在河南靈寶及西峽口殲滅戰兩場戰役中，過黃河擋住日軍攻勢，打完後，抗戰就勝利了。胡宗南生前告訴兒子胡為真說，「槍起盧溝橋，日落西峽口」就是這個意思。

擔任軍長參加松滬會戰，一分鐘內日軍的炸彈和鑑炮就擊出二〇六發，白天退出戰場，晚上接著再恢復陣地，四萬人戰到最後只剩一千兩百人，百分之九十七的戰士

都不幸為國捐軀了。「接連激戰對峙三個月，堅守六周不退，那可是國軍的精銳呀！」重大損失換來日軍攻擊線從南到北改成由東向西，沿著長江仰攻。

願參與前線大二膽作戰

抗戰時期在西安創辦第七分校，胡宗南廣被稱譽的「今日的戰士」演講成為日後黃埔子弟言行準則：「生於理智，長於戰鬥，成於堅苦，終於道義」。內戰激烈，也因一路轉戰西南拖住共軍，國民政府方能從容整備，護衛海島。從隔海到渡海，和綿延阡陌結下善緣的一九四九年，胡宗南帶領部隊從基隆上岸，風霜烽火中，因大軍的殿後讓百萬難民流離不失所，島嶼成為再生新鄉，出任澎湖司令為民做前鋒。

胡為真說，國軍撤退來台，父親最後一個離開而奉命赴浙江外海的大陳島整編游擊隊，擔任反共救國軍總指揮，以「我們一無所有，有的是赤膽忠心；我們一無所求，求的是反共復國」為悲壯口號，以一萬游擊隊員、五千噸海軍牽制沿海十八萬共軍，二十五萬餘民兵、以及海軍船艦五萬噸，在台灣兵力最脆弱的時候，胡宗南率軍抵擋共軍凌厲攻勢，無機犯台而保住小島。

胡宗南與蔣總統視察澎湖，攝於船上。

延安第一軍，受勳頒獎的感人影像。

帶領反共救國軍時期極為艱辛，每週要走一大段上坡路去培訓幹部，秘書陳和貴忍不住問：「您明明有吉普車，為什麼不搭車？」胡宗南回答：「大陳的汽油都得從台灣運來，能夠節省一滴汽油，當然就要節省！」

一九六九年，胡宗南從澎湖防衛司令調任總統府戰略顧問，蔣公兩次要給胡宗南一個實職，他都以心臟病婉拒職位而堅持「如果是打仗就要去。」胡宗南寫信給金門防衛司令劉安祺說，如果共匪蠢動攻打金門，自己願意到最前線大二膽作戰，「你早上給我電報，我晚上就到。」可惜第二年，胡宗南就因為心臟病離世。「劉安祺將軍要我把信抄下來，因為都是珍藏的寶貝，具有歷史價值。」胡為真瞭解父親沒有存款，薪俸都轉給陣亡部屬的家人，抗戰前還籌款舉辦「傷兵年會」，寄路費給受傷返鄉的士兵回到師部。

也大格局把電影院與戲團包下來，讓傷兵觀賞，最好吃的東西給他們，鼓勵在部隊為良兵，回家鄉要作良民，為百姓的表率：「無我為大，不要有我；無名為大，外界根本不知道你是誰。下層為大，任何機構的基層最重要。」胡宗南完全做到和部屬過同樣生活，不分彼此。

將軍與才女，延宕十年的姻緣

良緣佳話早有伏筆，胡宗南和妻子葉霞翟的婚姻當年由戴笠做的媒人，卻因戰亂延宕十年。一九三七年，浙江家鄉雙親逼婚，「兒子，你已經四十二歲了，還不結婚，對不起胡家祖先。」於是，胡宗南找好友戴笠幫忙介紹女朋友，與葉霞翟一見鍾情。

葉霞翟出生浙江松陽，因為家中經濟困難而就讀公費的杭州警官學校，成了戴笠的得意門生，畢業後繼續到上海光華大學進修。一天接到戴老師商量要事的電報，趕到杭州看到一個相貌堂堂的年輕軍官上樓，戴笠交代說：「霞翟啊，這位是胡軍長，他很有學問喔，你要好好的向他請教。」

戴笠說完出外辦事，留下兩人單獨談話。過沒多久，胡宗南捧著一大盆花對她告白：「如果送你一束花，幾天後就要丟掉。而這盆花是需要澆灌的，希望你好好灌溉培植。」愛情令葉動容，兩人在一九三七年訂下婚盟。

不幸，七七事變爆發，因為擔心抗日可能陣亡連累葉霞翟而把婚事暫停，一拖延，就過了十年。

離別，自古便是難事，多少離人留下各式心緒，依依不捨的，是自家府城顏色。抗戰延誤了婚事，卻也意外讓葉霞翟出國留學進修，不但成為威斯康辛大學第一個拿到全額獎學金的中國留學生，也是第一個留美的政治學女博士，學成返國任教於成都光華大學與金陵大學。

每個名字，父母滿懷期望的刻痕

一九四七年，國軍打下延安，胡宗南帶著打勝仗的愉悅到南京晉見主席蔣中正，表示希望娶妻成家。獲得同意後，同年長子胡為真出生於南京，中文名字還沒決定之前，葉霞翟就先給他取了Victor（勝利）的英文名字，以此紀念胡宗南打勝中共、克復延安。

每個名字，都有父母滿懷期望的刻痕。

一九五九年大陸情勢惡化，胡宗南在西安指揮作戰，拜託在東南負責軍事的好友湯恩伯將葉霞翟和胡為真帶往台灣。有天，台灣省主席陳誠夫人來看葉霞翟，兩人相談正歡時，調皮的胡為真爬窗竟然失足掉到院子，大哭大鬧。陳夫人同情地建議：「我看這樣寄人籬下不行，你這地方太小了，請辭修（陳誠）想辦法配個房子給你吧。」母子倆才得以有了棲身之所，一住就是幾十年。

胡為真記得，幼年家裡生柴火，用煤炭煮飯菜。台灣夏天熱，電風扇聲音很大，窗簾一拉隨時可能會破，非常舊。二級上將家庭這樣樸素，但母親卻甘之如飴。有次，父親部屬，陸軍總司令羅列，好意叫人送來一台美製二手冰箱。結果當晚父親從辦公室回來，一看到冰箱就指著母親問：「這什麼意思？」

母親解釋：「羅先生叫人送來的，是二手冰箱。」胡為真追憶，父親很威嚴、臉一擺說：「不可以，要送回去！」母親很清楚家裡的需要，但也只好回答：「好，我明天打電話。」父親第二天上班去了，母親想盡辦法拖延才好不容易把冰箱留了下來。胡為真對冰箱的事記憶深刻，連 PHILCO 的牌子名都還記得，那可真的是很舊的一台冰箱，家用了好多年。

「行年一十三，常穿破布衫；縫補又縫補，難看真難看！」這是胡為真十三歲時，父親哈哈大笑做的打油詩，雖然打趣他穿破舊汗衫，但給家中孩子的觀念還是：「絕對要勤儉生活。」征戰沙場，父子從不聊軍事，只講做人處事基本道理。

只盼望夫唱婦隨、平平安安過一輩子，迎來新生命。

承襲父親是翻版，也可能是改良版。胡宗南去世前三年，有天把胡為真叫住，問他以後要做什麼，他回答：「我要像您一樣從軍打仗。」胡宗南笑了說：「你應該立願要做大丈夫。」大丈夫對人民有貢獻，像醫生、科學家。胡為真本來真的從命要做科學家、做工程師的；沒想到保送到政大，改變了一生方向而成了外交官。

另有一天再問他：「一日之計在什麼？」胡為真回答：「在於晨。」「一年之計在什麼？」「在於春。」父親接著說：「那我告訴你，一生之計在於青年，青年就是十歲到二十歲之間。你十一、二歲，所以要好好努力唸書。」記住了這番話，胡為真每個週末都到圖書館苦讀，盡到學生的本分。

遵循禮記，傳承好榜樣

胡宗南更帶動兒子服膺禮記儒行篇，認為一個人主要價值觀是忠、信以及禮，家庭教育特別重視忠跟信。一生忠於領袖，把蔣公當作父親般，忠於他並愛戴他，對蔣的一切命令都徹底執行。至於忠於國家，自然更不在話下，因緣於此，胡為真與弟弟妹妹都全心全意接受父親的教誨，忠於中華民國。

「父親守信，對小孩也一樣。」胡為真記得，小妹五歲時眼睛開刀，父親送她去醫院，答應她：「小明，爸爸每天會來看你。」第一、第二、第三天都來了，到了第四天，時間到了卻遲遲未現身。母親叫妹妹先睡，妹妹堅持要等爸爸。晚間十點多時，剛下班的父親果真出現了。

父親對自己也是如此，答應的一定做到。胡為真回憶小時候把《水滸傳》看完，很想再看後傳《蕩寇誌》，父親答應幫他買，過了兩個月都沒有消息，胡為真以為父親一定是

胡為真展現外交長才，前後為國征戰四十年。

忘記了。直到有天晚上，父親回到家跟他說：「今天我到台北最後一家還沒打烊的書店，但沒看到你要的那本書。」原來父親一直都堅守誠信。

苦軍民之苦，無我爲大

軍人家庭全家到齊不容易，父親不是在前線，就是在辦公室，家教來自母親，和社會互動全由母親形塑，兄妹不小心講句粗話就可能被嚴罰，如今都七十多歲的胡為真，那管教仍清楚記憶。

母親葉霞翟絲毫不因遷台生活困窘而影響對丈夫的尊敬，曾在親筆書信中寫著，「如果不是國家萬分需要你，我真想你現在回來，讓我們找個

胡為真（右）隨馬英九巡視陸軍總部，兩人交情甚篤。

荒野僻壤去墾荒。我不期盼任何的榮華富貴，只盼望能夫唱婦隨、平平安安的過一輩子。」字裡行間，見證大時代下家國兩難的無奈。

一九六二年初，胡宗南在台北病逝，胡為真此時十四歲。他日後對妻子說，「母親是寡母，我又是老大，娶媳婦是否能孝順母親，極為重要；這也是我高中時為未來婚姻對象向上帝祈求的第一條件，感謝上帝也賜下了佳偶。」

父親逝世後，有天胡為真跟母親去做禮拜，蔣夫人邀母親留下來到官邸共進午餐，蔣公與孫子蔣孝勇當時都在：「胡太太，宗南去世了，妳心情很壞，換個環境吧，送你們到美國去，我可以幫忙。」沒想到，母親的婉拒堅決又迅速：「謝謝夫人，我要我的孩子在台灣受到完整的中華文化教育，大學畢業後再去國外留學。」

倒背如流的生命故事

一九九五年暑假，胡為真為了讓子女們更了解沒有機會見面的祖父，特別帶家眷前往澎湖瞻仰父親銅像，澎防部退休老士官老劉說，當年胡將軍將薪餉分成三份，一份留在司令部作為公家開銷，一份寄回台北的母親家用，另一份則送給兩位子女眾多的退休老部屬。

胡為真方才知母親當年持家有諸多難處。「為什麼每次收到薪水反而發愁，原來是擔心家用不夠。父親在世時不願母親出去教書，她只好在家寫稿賺稿費貼補家用。」胡為真追憶，母親開始投稿時並不順利，經常被退稿，讓留美博士散文沒有被接受而難過，不免私自傷心掉淚。

孔老夫子說，「生而知之、學而知之，和困而知之。」胡為真引用此話形容，母親真的是困而知之，日後果然也成了知名的女作家、教育家，這也算是從艱困環境中磨練出了本領，不但協助創辦文化大學（當時名文化學院），並當了家政系主任、研究所所長和訓導長，每年過年過節，都會把在台灣沒有家的研究生請到家裡團員，是學生口中親切的「葉阿姨」。

倒背如流的生命故事重複再重複，將心中最完整的角落保存雙親的點滴。胡為真瞭解母親的慈悲和父親相似，文化大學老教授王士誼學生時代辦活動，錢不夠，就想請訓導長資助，葉霞翟當下把皮包打開說：「你們需要多少，就自己拿。」

王士誼年輕，心想訓導長身為上將夫人，這點錢應不算什麼，於是也就毫不客氣地把錢全都拿了。事後才知道，拿的是訓導長全家的菜錢。多年後，他把這件事情講給胡為真聽，對當年的無知與魯莽充滿歉意。

胡為真 小檔案

一九四七年出生於南京，浙江省孝豐縣人。曾任總統府資政、國安會秘書長，駐德國、新加坡代表、國安局副局長、政治大學副教授。現為中美文經協會榮譽理事長、中華軍史學會理事等。父親是陸軍上將、抗日名將胡宗南，黃埔一期學生，歷經東征、北伐、剿共、抗日、戡亂、保台。

母親教育家葉霞翟女士，美國威斯康辛大學政治學博士，協助創辦文化大學，為國立台北師專首位女校長。

烽火三部曲爲父母揚名
人子之大孝

張紹鐸

少將張體安打游擊、封官、辦學校與開餐廳，一生把這四件事做到極致。次子張紹鐸也際遇奇特，以父親一生故事為背景自編自演《烽火三部曲》。如今已坐八望九的他被親情包圍，每天仍能對百餘歲高齡母親噓寒問暖，感到無比幸福。

慶祝趙蘭花女士 110 歲壽誕，闔家四代共聚一堂拜壽。

深切的懷念，維繫著記憶的紐帶，深入了茫茫命途。張體安將軍次子張紹鐸講述雙親從家鄉打遊擊，渡海到台灣開餐廳的陳年舊事，是兩岸歷史狂潮中奇特的巨浪，把所有使命做到極致，遷台辦校，更是圓了少年失學的教育大夢。

張紹鐸子承父志，粉墨登場自編自導又自演，將父親一生傳奇轟動的搬上舞台，以《虎父虎子》寫下真實的鐵漢柔情篇章。

家鄉味要在小島生根

還未拆遷的中華路鐵道旁臨時木造屋的「真北平」是個舊時代的鮮明符號，火車經過，天搖地動，轟隆轟隆作響，客人放下筷子等一會兒，火車開走了，柵欄再度放下又升起，像日常的循序。

等經濟起飛，從違建木屋遷移到「中華商場」二樓，外牆古色古香，配上故宮、天壇、北海公園與長城等美景照片，如置身故都北平，包廂內還懸掛著許多「故宮博物院」古今名人字畫，大門上高高揚著于右任親筆書寫的「真北平」三個大字。

在那即使達官顯貴，也非有天大喜事才會上館子打牙祭的樸實年代，造訪的老饕與熟客皆知，「餐廳老闆曾是位大將軍，因為打仗受傷才改開餐館。」

張紹鐸以成長見證雙親在台灣耕耘有成。他說，六〇年代北方菜在本土十分稀有，改變餐飲市場的創想和思鄉纏繞相生，「真北平」願意接受革新的考驗，雖然開張清淡難免失望，相隨而來的鬥志卻讓家鄉味在小島生根。

物以稀為貴，知名的北平烤鴨、活魚三吃、芝麻醬燒餅夾肉等家鄉菜以真誠撼動舌尖，在名人效應的大大加持下轟動四方。于右任不僅為店名親筆揮毫，還送了一副對聯：「橫掃千軍不見大敵，懷德法古與為同儔」，黨國元老陳立夫伉儷送一幅畫，蔣故總統經國早年還陪同家人在此這聚餐，「身分不同的貴賓每次光臨，先父都非常緊張，忙進忙出監廚，但求萬無一失。」張紹鐸揀拾年少好時光，動容的說。

當代名流辦喜事，張體安上台擔任證婚人，當然更為加分。前內政部長徐國勇參加趙蘭花一百一十歲壽宴時透露，他的訂婚宴就是在「真北平」舉辦，東吳大學校長章孝慈舉行婚宴，張體安也就是主婚人。

「真北平」以真誠撼動舌尖，是軍人轉業成功的典範。

眞北平冠蓋雲集，馳名遠播

很快的，「真北平」一人文薈萃，高朋滿座，二樓門前開始排隊領號碼牌。港台電影蓬勃的年代，張善琨、童月娟夫婦和周曼華與洪波前來品嚐美食。一九五五年，香港自由影人組成龐大祝壽勞軍團，包括王元龍、陳燕燕、白光、林黛、葛蘭大明星，以及李翰祥夫人張翠英等都是「真北平」座上客。

到了一九五九年，香港新華電影公司王元龍帶著小女兒王小龍及當時還是童星

張體安過壽誕，為子孫留下一塊深耕的人文園地。

的蕭芳芳來用餐。而影后胡蝶拍《塔裡的女人》、《明月幾時有》時最喜歡叫「真北平」外賣，黃河拍《癡情》常來造訪，而名導演李行與劇作家張永祥生前總在這裡邊吃邊研究電影劇情。等徒弟接手，老闆娘趙蘭花不要任何權利金，只殷殷交代，「別砸了我這招牌就好。」

從佛教信仰得到堅毅力量

趙蘭花已高齡一一六歲，和張紹鐸四代同堂，由兩位專職媬母全心全意照護生活起居。虔誠佛教徒的老人家晨起禮佛，經年不間斷的頌經聲迴盪在獨立於上海舊風情的佛堂空間中，雖然識字不多，但從信仰中領悟到堅毅力量，助她克服種種困難。也因此，從抗日到來台，趙蘭花身上總都帶著菩薩像，祈求眾生平安。

當年敵機臨空，鄉親大小躲在防空洞，日以繼夜擔驚受怕時，「佛像成為保護流亡群眾的主要心靈寄託。」丈夫張體安在戰爭中身負重傷終而脫困，趙蘭花也認為是菩薩顯靈庇佑。

來到台灣後，趙蘭花皈依星雲大師，更深入學習佛法。張紹鐸熟知母親因《金剛經》

中「緣起性空而見無常之理」，總省吃儉用捐款給慈善弱勢。「贈人玫瑰，手有餘香，」長年吃齋唸佛，日夜祈願，保佑當年沒能帶到台灣的另兩個兒子平安健康。

兩岸阻隔數十年，趙蘭花夫婦思子之心有增無減，將大陸雙兒照片裝框掛於床頭，一看再看，吩咐張紹鐸將來回到湖北，務必要找到親兄弟，盡力善待及補償他們。

張體安一生擁有軍人、商人與教育家多重身分，和趙蘭花伉儷情深。

打游擊眞人眞事，搬上舞臺

坐八望九，面如白玉的張紹繹說到演戲的成就源頭，也是由於母親篤信佛教及思子心切開始。「父母最愛看國劇《四郎探母》，看到四郎母子相會那幕，不由得淌下了眼淚。」畢業於東吳大學中文系，張紹鐸發現演戲還可娛親，於是以國學素養改編星雲大師得佛學著作《玉琳國師》為舞台劇《萬金和尚》，初試啼聲即叫好又叫座，讓他充滿信心。

「頭號粉絲」立法委員潘廉方打鐵趁熱，勸張紹鐸將父母太行山打游擊的故事搬上舞臺，真人真事一定更具爆發力。於是，他更進一步再自編自導也自演了《烽火三部曲》，以父母抗戰的真實故事為藍本。

拉回如夢的昨日往事，張紹鐸忘不了首部曲《虎父虎子》舞台劇於一九七三年推出所造成的空前轟動，繼續登場的《吾國吾家》把聽來的家鄉「鬧新房」習俗編進劇情，演出效果竟又出乎意外的滿堂彩。

「為父母揚名，乃為人子之大孝。」張紹鐸當時思考到，父親的故事不但可以給豐衣足食的年輕人教育啟發，同時也是對當年抵抗日寇侵略而犧牲奉獻的前輩們，很具意義的一種追念。

以張體安一生故事為背景的話劇《虎父虎子》、《吾國吾家》與《斯土斯民》烽火三部曲一時傳為美談，一部接一部連番上陣。每當演出結束時，張體安從不缺席的上台謝幕，台下觀眾看到本尊出現，情緒沸騰，甚至禁不住高呼：「中華民國萬歲！萬萬歲！」之後，張紹鐸又推出自編自演的《華夏兒女》等戲，連同《虎父虎子》的演出，三軍大學校長蔣緯國和很多高級將領都來看戲，將星閃閃。

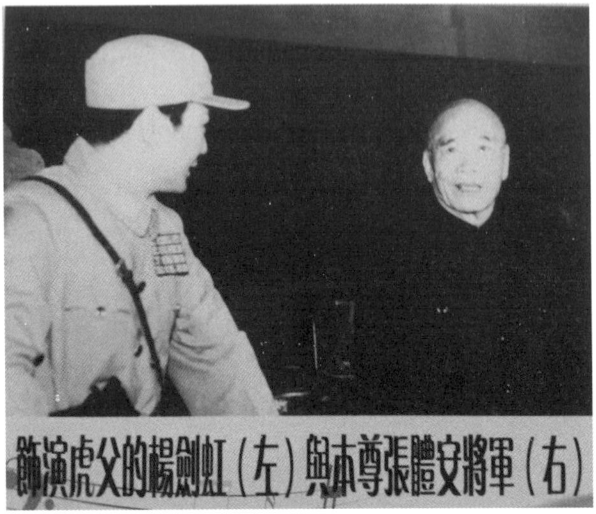

話劇《虎父虎子》劇中主人翁張體安將軍（右）與飾演者楊劍虹相見歡。

主人翁張體安將軍（中）率演員謝幕。

軍閥混戰，土匪橫行的動亂

追溯《虎父虎子》光宗耀祖的張氏家族故事，遠遠可推算到明初的「忠烈公張昺」。張昺育有五子，三子張銳早年遷至河內河南西吳村，將一棵皀角樹種在門前做為紀念，枝蔭滿地，人口興旺，後人於是把村名改稱「皀角樹村」，之後傳到張體安已到第十七世，張紹鐸則成為十八世。

軍閥混戰，土匪橫行的動亂，是張紹鐸從小聽到大的故事，「父親自幼練武，功夫了得，他當時組織民團護村，就像現在的警察。」一九三四年間，張體安將村莊外圍修建了防禦工事，買入二、三十支槍保護村民。

母親趙蘭花出生於河南省博愛縣清化鎮，那還是「舊時代女子無才便是德」的世代，不識字的守在閨中協助爆竹買賣，但從小叛逆，

張體安將軍與四子合影於河南滑縣。

為抗議保守傳統的長輩違法纏足，她大膽領著族內其他稚女爬坐在高牆上盪著「小腳」，故意讓過往警察看見來執法而禁止家長纏足，也達到放足的目的。

這，顯見趙蘭花從小膽識過人，自有主見。抗日戰爭爆發，日軍攻勢凌厲，就跟著張體安上山打游擊，「敵來我躲，敵走我追」，而懷孕的這位女俠為了躲日本兵，經常挺著大肚子騎馬過河。

一九三八年，張體安

趙蘭花打游擊時期，根據地在艾蒿坪村，三個兒子在此出生。

率領博愛、沁陽、修武等三個縣的公務人員及抗日人士，轉進太行山區，與日軍進行游擊戰，他被整編為河北民軍第一戰區游擊隊十三支隊任上校支隊長，駐守在玄壇廟、艾蒿坪一帶。這段征戰無休的日子，趙蘭花生下張紹鐸和紹鎔、紹鈞兩個弟弟。

張體安陣前勇猛殺敵，趙蘭花則墊後組織眷屬學習騎馬、放槍、後勤補給及救護傷兵技能，遭遇了最難忘的圪壋坡恐怖戰役。一九三八年二月十二日，日軍佔領博愛縣城，有位年輕婦女提著香火籃要到孫真殿為婆婆還願，途中遇到幾個日本兵調戲，張體安正巧巡山經過，看到情況忍不住怒火驟起，啪啪一口氣七個日兵打死了六個，其中一個還是日本將領土肥原的小舅子。這下非同小可，暴怒的長谷川帶領三百多個鬼子直奔圪壋坡廟，內外搜索個遍，日兵為了報復，山腳下排上一列大炮發射，大小廟宇剎那間全化為烏有。

直到一九九五年抗日戰爭勝利五十周年紀念，圪壋坡鄉人才集資建造抗日紀念碑追憶這段可歌可泣的抗日血淚史。張體安後來也特別籌建天爺廟戰區小學，栽培出不少有成就的學生，據說其中有幾位學生後來成了知名的科技人才。

大難不死，脫離軍旅生活

對日抗戰後接著國共內戰，戰爭沒完沒了的讓百姓受苦受難。一九四七年砲火最為猛烈，張體安擔任陸軍第四路軍第九師少將師長，參與湯陰保衛戰，防守岳飛廟附近的小南門。此時，兩百眷屬全都擠進張家吃大鍋飯，夜裡人擠人睡地舖，一切全靠趙蘭花隻手張羅，生計頓時陷於困難。另一方面，無助的趙蘭花當時並不瞭解丈夫在前線的戰況，心急如焚，聯絡處回應總是「報喜不報憂」。

國共雙方激戰近一個月，城牆倒塌彈盡糧絕，殘軍只得突圍而出，張體安最後喬扮馬夫才脫險安抵新鄉，繼與共軍肉搏戰於南陽車站，幾天幾夜。

張體安幸而大難不死，帶著妻小前往上海養傷。脫離軍旅生活，沒了軍餉怎麼辦，一家人陷入愁雲慘霧時，正巧堂兄張子哲詢問要不要隨部隊去台灣？這是天降福音，馬上決定來台，但因船位不足，只能先帶走兩個孩子搭上駛向台灣的「海穗號」，張紹鐸就是其中之一。

回憶那段上船逃難的過程仍不勝唏噓，「很多小孩子無法攀爬上船，大人只好把孩子綁在身上。」張紹鐸記得有位可憐的女士，提著一隻箱子攀爬，但是箱子卻被擠掉沉到海中，她的錢都放在箱子裡，焦急地哭哭啼啼求人幫忙打撈，只是，無人有餘力搭理她呀。

「海穗號」意外停擺定海縣，足足停留了一個月。大家深怕船隨時開走，也不敢離船上岸，讓吃飯成為最大的問題，好在曾挨過饑餓的張體安有先見之明，早就帶了幾包麵粉備糧。有人手持黃金來換麵粉，也就只能「半借半送」傳遞戰

張紹鐸遵奉家訓，既被親情包圍，也在威嚴裡長大。

亂時的一份愛心。

擺地攤權宜之計，非長久打算

攜家帶眷從上海來到台灣，雖荒涼落後，全家人卻感受著一股戰後的寧靜與安全感。下船後第一夜克難的睡在基隆火車站，第二天到台北被分配到停課中的龍山國小教室走廊，以床單隔成房間，在操場上圍成一個大圓圈吃飯，飯碗裡盛的是含雜質的「加料餐」，菜盛在洗臉盆裡，奇鹹無比的粉條或大白菜雖難以下嚥，但那可是掌廚者怕菜少不夠吃，故意多下的鹽。

學校畢竟只是暫棲之所，等恢復上課，走廊也無法再收留難民了，趙蘭花到處去找房子。後來在郊區發現一座破舊的祠堂，雜草叢生，滿屋的蜘蛛網，她思忖：「誰家的祠堂，怎麼沒人管？」後來才知這是以前的張家祠堂。聽說日據時代，這家人逃的逃、死的死，祠堂就沒人管了！「我們正好也姓張，真是天無絕人之路。」於是，收拾了祠堂暫時住下，把祠堂原有的靈位也重新豎起來，逢年過節都誠心感恩的燒香祭拜。

家人安頓妥當，張體安去見老長官顧祝同將軍。張紹鐸記得父親提起當時情景，

「戰火連年，兵荒馬亂，父親軍中證件差不多全遺失了，經顧將軍出具證明，才又擁有了軍方正式資歷。」

國防部長官原本希望他文職回役，但張體安考慮自己教育程度並不高，擔任文職雖有參謀、幕僚協助處裡公文，但還是算吃白飯的冗員。而他看到很多將官生活堪虞，自忖「國家都到了這個時候了，我們可不可以靠自己養活自己，讓國家去照顧更需要照顧的人。」於是和妻子商議後，張體安決定提早自軍中退役。

馬英九總統（左二）探望（左起）張紹鈞、趙蘭花與張紹鐸母子。

從小就堅韌不屈的女俠趙蘭花，在台自立自強的生活從擺地攤開始。她不進劣貨，貨真價實，老不哄、少不欺，秤平斗滿，薄利多銷下勉強維持家用。張紹鐸和弟弟年紀尚小，很容易就融入台灣的生活，都能說一口流利的閩南語，記得有次母親帶弟弟去醫院看病，護士小姐還好奇地問母親：「你是大陸人，怎麼小孩是台灣人？是領養的嗎？」

萬里關山，無限相思總是夢

抗戰時期，張體安和鄉親們一起在山區打游擊，不希望小孩子因而失學，於是就成立了流亡小學，而這也成為日後在新竹開辦明新工專的濫觴。張紹鐸說，一九六一年，父親對自己的經濟能力有把握後，決定籌建學校，取名「明新工專」，乃是取《大學》中：「大學之道在明明德，在親（音「新」）民，在止於至善」之句，意思就是：「大學的宗旨在於弘揚光明正大的品德，在使大學生親近民眾更新其品德，在使人們都能達到最完善的境界。」開始建校時，銀行貸款有限，辦校的款項就由「真北平」出面硬著頭皮苦撐。

兩岸開放後，趙蘭花再也抵不住思鄉與歸鄉的念頭，只是開始時，返鄉探親還唯恐家人去了大陸會被扣住回不來；所以八、九十歲的老太太趙蘭花遂單槍匹馬打前鋒，待親身試過以後確定安全無虞，二〇〇〇年時，趙蘭花才率領全家人再次踏上天爺廟小學故址，和上課的師生們歡聚一堂，一起聊天話舊並合影留念；而此時，距離當年設立天爺廟小學的日子，已經整整度過一甲子的時光了！

兄弟四人穿著同款服裝，有如四胞胎同侍老母。

張紹鐸一直牢記父母數十年間的叮嚀，「務必要找到當年來不及帶到台灣，留在大陸的兩個兄弟。」總算皇天不負這份苦心，張紹鐸託了許多故鄉親友四處打聽下，總算聯繫到留在上海的血緣，並把父親臨終前的錄音傳給兄弟們聽：「如果真的有一天，真如我所願，你們能聽到我身為父親的這段談話；不要哭，要為我高興，因為那是我多年來的心願。」

超過一甲子的前塵往事，回顧時已恍如隔世。受訪時也已坐八望九的張紹鐸，幸運的還每天能面對高齡一一六歲的母親趙蘭花噓寒問暖，邊叫著「媽媽」，邊感受著人生幸福也莫過如此。

張紹鐸 小檔案

一九四七年生於上海，父親張體安是河南打游擊名將，母親趙蘭花一一六歲高齡尚健在。東吳大學中文系畢，明新科技大學校董，以國學素養改編星雲大師著作《玉琳國師》為《萬金和尚》，及以父母抗戰故事編寫的舞台劇《烽火三部曲》。

輯二

四海的匯聚

戰火下的野百合

楊樟富

曾在島上以野百合充飢，楊樟富帶著戰爭的心碎記憶隻身來台，娶農村客家妹為妻而組織了一個跨越省籍的家庭。客語部分發音和家鄉的青田話相似，倍感親切，撫慰了離家的孤寂無依。

少小離家老大回，楊家親人激動相擁。

戰爭砲聲隆隆，舉目無人可依，怎樣賴以無懼的活下去？扛槍上陣，孤舟獨行的將士應該都曾經這樣自問。當「十萬青年十萬軍」的抗日號角響起，楊樟富年方十七歲，還沒來得及體會家鄉之外的陌生世界，就被帶往危及性命的無邊戰場。硝煙是紀事主調，爬過戰壕，槍桿比自己還高，從白天到黑夜，驚恐無盡頭。

行軍所到之處，一片焦土廢墟，歸鄉遙遙無期。「國破山河在，城春草木深，感時花濺淚，恨別鳥驚心……」四處烽火，萬民哀嚎，花開也哭，鳥叫也心驚膽跳，楊樟富為「百合」曾經哭泣，在五棚嶼。

寫下遺書出征，每次都是最後一次

此島是一座無人島，楊樟富跟著部隊抵達在一九四八年，滿山遍野百合花，燦爛又溫柔的開在眼前，美得像仙境一般，「沒想到，離開時整個島卻變成光禿禿一片，」缺糧乏草而忍餓耐飢，忍到極限，萬不得已才挖起百合花及根莖，嚥下心酸。

仙島霎時變禿島，野百合沒有春天，哀哀成為戰火無情的鐵證。為求生存，為了活下去，怎麼樣難以下嚥都要求取續命的物資。「許多戰友把所有家當賣掉換酒喝，喝到醉，他們心想，回不來了……，沒有明天了。」出征前也含淚把遺書寫好，字字句句是對故鄉的不捨，每次都當最後一次。

楊樟富一九三二年出生在浙江青田一個務農家庭，從小就打著赤腳割穀種稻，為一大家子張羅生計，因勤於莊稼，常有大豐收。正要唸高中那年，日寇侵華，神州失守，日本兵打過來，空襲警報響不停，離家投入軍旅，踏上征途皆是迫於無奈而展開艱苦游擊隊生活，「打游擊真的很辛苦，每到一個地方待不到幾天，又要開拔移動，有了這一餐，不知下一餐在哪。」隨部隊移居五棚嶼時，肚子實在餓到受不了，吃完島上的野百合還是飢餓難耐，只得再去找樹皮野草填飽肚子，或是去海裡撈蝦皮，苦不堪言。

楊太太補充說，「我先生有跟我講過，樹根或草摘下來，只要有一點甜甜的不苦，就挖出來當食物。」女兒楊青霞則記得爸爸餓到極點去海邊撈蝦皮，連蝦殼都來不及剝，就活吞，「我爸說，這輩子再也不喝紫菜蝦皮

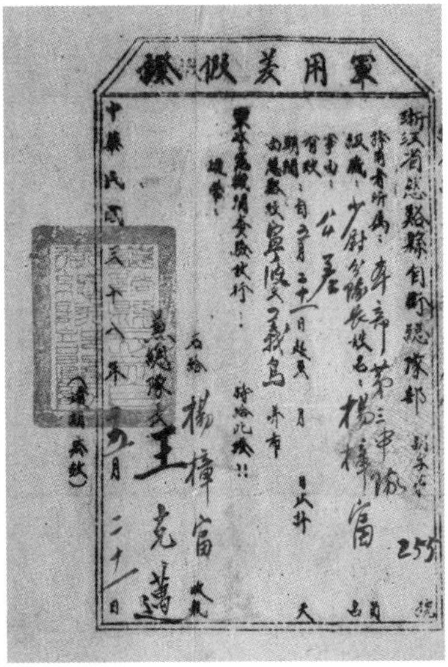

文件已泛黃，記載陳年舊事。

湯。」

個人無力回天，國家又已大亂，那是戰爭的味道，聞到就反胃，早已成為一個揮之不去的陰影。

離家越來越遠，回不去了

一九四九年，部隊開拔到梨山，楊樟富收到父親寫來的最後一封家書，「爸爸希望我回老家去，大家聚一下。」看著依然珍藏而日夜入夢的家書，他哽咽說，自己當時也非常想翻山越嶺回老家，但是國軍一路敗退，封斷歸鄉之路，只能跟著部隊且戰且走。之後又被編入反共救國軍，到江浙一帶的島嶼打游擊。

離家越來越遠，當然回不去了。「每個地方待不到三天，食物和飲水都極度缺乏，我們都不知道明天在哪裡，能不能活下去。」七月酷暑大熱天，汗流浹背；到了冬天，又連禦寒的棉被都沒有，只能拿稻草蓋身輪流睡覺，「你睡上半夜，我睡下半夜，」大家一起熬過冷極的漫長嚴冬。

情定客家妹，「阿富ㄟ」滿臉笑意

楊樟富少小離家，又歷經戰亂，隻身來台後，對「家」有著一份強烈的渴望，尋尋覓覓，最後情定勤懇的農村客家妹陳源妹，組織了一個跨越省籍的家庭。

舊社會保守，省籍有偏見，這蕃薯芋頭婚姻當時很難受到祝福，所幸陳源妹態度堅定，「我父母反對，還說，嫁豬最享福，吃饅頭也可以飽。」但，她相信「婚姻好壞都是命，」深信嫁軍人也可以得到幸福。

女兒楊青霞見證父母美滿婚姻。她說，客語有些發音和父親家鄉的青田話相似，讓父親倍感親切，於是更加追求母親不放鬆。「父親為人端直誠孝，很快贏

客家人傳統的「硬頸」精神在妻子陳源妹身上，表露無遺。

得母親家族成員的好感而放下成見。」父親為了方便和世居苗栗頭份客家庄、務農的外公、外婆溝通，後來也學著說客家話。

楊樟富因戰火流離，始終無緣陪伴侍奉家鄉的親生父母，這份孺慕之情，婚後移轉到岳父母身上，每回陪妻子回鄉探望兩老，總是帶上好吃好喝的，用不甚流利的客語陪老人家喝酒談天，或者邀請兩老北上小住，到新公園或烏來等景區走走，提起「阿富ㄟ」，老人家臉上總是帶著笑意。

逢年過節準備滿桌的酒菜

客家人傳統的「硬頸」精神，在陳源妹身上表露無遺。那個年代，憑藉軍中一份薄薪支撐五口之家吃穿，真的非常吃力，但張源妹省吃儉用、努力持家，除了和督促孩子的學習，每逢出門，一定全家穿戴整潔，維持「家」的體面。

楊青霞感謝母親，「在我們年幼時，接了許多家庭代工，勾勾串串，補貼家用，等孩子們稍大，便外出工廠，一人兼做兩份工，早班加小夜班，每天從上午八點工作到深夜。」母親辛苦持家，但是再怎麼拮据，逢年過節都盡心準備滿桌酒菜，不曾怠慢走過艱苦的袍澤。「我爸在台沒有任何親戚，和軍中同袍相互扶持以兄弟相待，特別是幾位無緣成家的單身老大哥，總加倍的傳送親情與溫暖。」邀請同袍來家中圍爐，也早已成為年節儀式。

有限菜錢擠出來的禮物

楊青霞從小熱愛閱讀，常隨父親楊樟富到工作場所附設圖書館借書，因為家裡沒有多餘的開銷可購買課外讀物，有能力買的只是工具書字典。即使如此捉襟見肘，父親還是慎重其事地在內頁題上幾句勉勵的話，如「學海無涯，勤勉致之」等。

母愛恆遠，陳源妹也知道女兒喜歡讀書，礙於經濟條件有限，有次去

情定客家妹，「阿富ㄟ」滿臉笑意，感念妻子對家庭的無私奉獻。

市場買菜時，仍不忘幫女兒帶了一本全新的「聯合文學」第十期回來，楊青霞還記得那是一九八五年八月一日出版。「媽媽從非常稀薄的菜錢挪出錢在市場對面書店買了雜誌，也是當年我唯一的一本書。」聯合文學書價九十九元，可不是一筆小的數目，在書架上擺置著永恆的母愛。

到現在回想起來，楊青霞彷彿都還能想像國小畢業，出身農家又識字不多的媽媽走進書店，面對書海時的那種踟躕不安的畫面。至於為何選了聯合文學，楊青霞雖不確知，但媽媽想給會唸書的女兒再多一點的那份心意，她一直放在心裡。

生日紅包，最溫柔的愛意

客家妹全心對家庭奉獻，楊樟富常說沒有妻子，就沒有這個家，結褵近六十載，每年都不會忘記，在結婚紀念日當天包個大紅包，這就是最溫柔的愛意。

「父親個性溫和內斂，相較之下母親就是個急性子，家裡喳喳呼呼聽到的多是她的聲音，有了這聲音，就有了家的感覺。」也具客家妹勤奮氣質的楊青霞形容母親鎮日不歇，她那懷有關愛的叨唸似乎有種魔性，是能帶領全家往前行的動力，大家都得聽令。

老父親年過九旬，至今還配合著母親的養生作息，每天被規定掃掃陽台、澆澆花、洗洗米來增加勞動力，加上母親悉心的飲食照料，閒暇時玩玩雙人麻將自娛醒腦，父母至今一直保持著晚輩欣見且視為福氣的健康。

隔海追念，兩地相懸

不求大富大貴，只望平安健康萬事半稱心。楊樟富以一顆得失無憂，來去隨緣的陽光心態，感恩家庭的幸福美滿，但在心裡卻始終掛念著遠在浙江故鄉的家人，他們可好？可溫飽？分離四十年的慘淡，苦苦思念著，直到一九八七年開放探親後，他才踏上返鄉之路，一路忐忑，旅程變得好漫長。

幾近半世紀的隔海追念，兩地相懸，可以想像雙親當年望眼欲穿，帶著多少黑水溝阻隔的絕望。回到老家，跪倒父母的墳前，楊樟富像孩子一樣放聲大哭，哭倒在地，許久，許久都沒站起來，風吹過來，更模糊了淚眼。「太痛了，太對不起爸爸媽媽，他們沒有享過一天福，反而因為我們來台灣而受到牽連。」

這輩子沒能盡到孝道的不孝子，僅能以祭拜來還父母的大恩厚愛。兩岸分離四十

組成跨越省籍的美滿家庭，兩老分外珍惜。

楊青霞（左）與父親宜蘭半日遊。

年，一晃眼就從青絲變白頭，「能再度踏上故鄉的土地，像做夢一樣。」從大陸到台灣，戰爭改變了自己的人生，周遭的人通通受到影響，沒一個能夠置身事外，也讓他無限遺憾。

年齡只是一個數字，但不可否認的是，周邊老友都逐漸走在最後的旅程上。楊樟富用勇氣和樂觀迎接衰老的挑戰和快樂。「希望這個世界上不要再有戰爭了！」楊樟富感慨，對於戰爭的想像，距離實際從戰爭走出來的人是很遠的，唯有真正經歷過的人，才知道戰爭的可怕，那是千年噩夢，總在夜闌人靜時，衝擊著遙遠記憶。

野百合的花語是，幸福與美滿。楊樟富祈願，當下的台灣，人人都如此。

楊樟富 小檔案

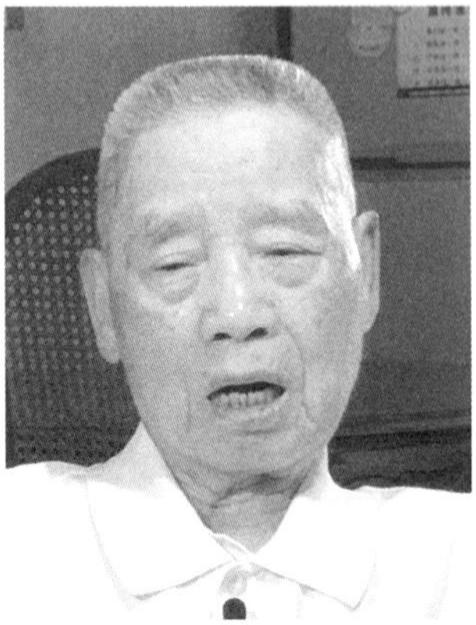

一九三一年出生於浙江青田，家中世代務農，十七歲從軍被編入反共救國軍，來台定居於苗栗，娶客家妹陳源妹為妻，育有二子一女。女兒楊青霞熱愛閱讀，一九八七年舉家回鄉探親。

乾脆斷了音訊，免得牽腸掛肚

姚雲龍

生了一場大病後更加思念對岸親人，姚雲龍鼓起勇氣寫家書，「音訊中斷三十多年，你們一定以為我早已不在人世，既然無法相會，乾脆斷了音訊，免得你們牽腸掛肚。」展讀舅舅回信，令他斷腸的說，「媽媽披頭散髮，拈香在手遙拜雲天，跪在地上呼我的名字，這樣叫孩子就想家、就會回家。」

歲已遲暮，姚雲龍期待在終老之前，擁有完整的全家拼圖。

窗外一片寂靜，天明前響起滴答雨聲，是初冬的淅瀝吧？姚雲龍腦海中浮起許多舊日思緒，片段又彷彿完整……，讓訪談悲喜交集。

先談到自己那段遙遠卻難以忘懷的夏日戀曲，九五高齡的百歲老兵竟然臉紅起來。他吐字異常清晰，湖北鄉音雖濃重，卻絕無百歲老人蒼老，一字一句朗聲喚起排灣族妻子「江美蘭」的名字，那是屏東冰果室夏日的浪漫老派邂逅，起源於老闆娘告訴穿軍裝的這批血氣方剛小伙子：「全村最漂亮的，就是江美蘭。」

江美蘭可愛的拿出身分證

姚雲龍心想，究竟怎麼漂亮？緣分終於來到，一九六〇年，有一天，清香冰果室來了幾位少女，他猜那烏溜溜大眼睛的應該就是公認的「山地之花」，所以就大聲問，「誰是江美蘭呀！」未料大眼睛少女竟然很快回答，「我就是。」還拿出身分證證明，可愛逗趣極了。

「妳為什麼給我看身分證？」「因為我們小時候，好朋友聚在一起說悄悄話，大家就說，要找一個心愛的丈夫。」江美蘭直覺，帥氣的姚雲龍正是她等待的真命天子。

和排灣族的妻子相差十八歲，交往幾個月後便決定共結連理，夏日戀曲有藏不住粉紅泡泡呢！「我們那時候叫紅色炸彈，夠厲害的，我也投出一個，哈哈。」七月認識，九月就閃電結婚，「村莊最漂亮的那個，大家都在追，結果被我追上了。」百歲老先生呵呵的笑得好開懷，對一見鍾情的過往，樂不可支。

部落少女嫁給的不僅是漢人，還是軍人，更還是外省人，這可不得了，整個部落村莊大反彈，只有年紀輕輕，卻

娶進山地之花，夏日戀曲有藏不住粉紅泡泡呢！

主見分明的江美蘭在滿城風雨下，堅持非卿不嫁。娶進才情優秀，又與人為善的妻子，「不像世俗女孩，只單純希望我永遠對她真情不改。」姚雲龍講妻子千百個好。

一場戰役一個衝鋒，幾千人就亡了

講完羅曼史，姚雲龍心緒一轉，提起自己與戰爭共生的坎坷身世，不禁悲從中來。一九二四年出生於湖南，在七七抗戰爆發成為流亡學生的一九四一年被抓去當兵，走上與年齡不符的長征之路，參與了國共戰爭的無數戡亂，順應時代大環境而認命。

從軍並非志願而被強押，充滿命運的捉弄。被抓兵的那天早上，無所事事上大街溜灣，突然聽到人聲喧嘩，「我們點名，要發餉了。」正發愁身上沒有半毛錢，他一聽發餉，三步併兩步趕緊擠進人群排隊。「沒想到領餉後，當場就被當成壯丁，抓去當兵了。」連家都來不及回。

從軍原是身不由己，許多年輕人根本不知道領餉後，就糊里糊塗被抓走。他親眼看到保長領來兩個槍兵往老百姓家裡隨便一指，指到誰就抓誰，姚雲龍也沒逃過這一劫，只是多領到一點餉勉強充飢而已。

當兵日子千艱萬難，有時被綁起來像囚犯一樣，跟著部隊前進，瓷碗放在行軍背包裡還被撞爛掉，沒碗可以吃飯，只好到老百姓家借用香爐當碗湊和著三餐。最不堪回首的是上前線火拼，「一場戰役，一個衝鋒，幾千人就亡了。」歷經戰亂即將迎接百歲，耳聰目明的他，身體仍十分硬朗，而且熟悉3C資訊，每周都會在FB發文，寫下自己戰場上的從軍往事，濃濃的記憶出現在不間斷的書寫中。抗戰勝利後回故鄉當小學老師，一九四九年隨軍來台，經歷過八二三砲戰，「記得當年抗戰勝利被解編，少得可憐的遣散費，還不夠吃一碗大滷麵，怎麼有盤纏回家？」

家在千里之外呀！連買張火車票也不夠，流浪很久，還是老長官保住，一九四六年才幾經波折回到家。未料，國共內戰又烽煙四起，戰爭沒完沒了，他再度入伍當兵，一路從福州廣州到海南島，跟著部隊遷往台灣以為暫可喘口氣，那又想到再被派往金門前線打仗，砲彈像下雨一樣落下來，歷經四十四天的八二三砲戰，記憶裡全是槍林與彈雨，直到一九七三年以少校官階退伍。

從軍的記憶，在書寫中

姚雲龍異常清楚記得一九五八年隨隊駐防大膽的那段前線的枕戈待旦時光。俞大維擔任當時的國防部長，「這位時代巨人幾乎沒見過他兩肩掛星星的戎裝照片，只常見戴船形帽和墨鏡，穿短大衣和長統皮鞋的身影。」

八二三砲戰期間，姚雲龍記得金門有八個砲兵營，裝備是四種舊型的美式野戰砲，但與共軍相比，質和量皆居於劣勢。M55型八吋榴彈砲雖射程不算很遠，但精準度甚佳，且爆炸範圍大得驚人。「感覺上，這位世界知名的彈道學專家，似乎天天都在島上，看到大膽島上官兵每天清晨出來，鼻孔都是黑的，關心詢問後，得知是因為使用煤油燈，碉堡內空氣又不流通造成的。」於是，俞大維為大膽島送來一架發電機，命各碉堡都架起電線來解決問題。

隨隊駐防有功，得到無數勳章。

得知島上缺乏淡水，俞大維又命相關單位送來一架海水變淡水機。發電機由南山營部連幹事任佩辰管理，海水變淡水機管理人是姚雲龍。他回憶，大膽島道路兩旁佈滿了各式地雷，夜間開車非常危險，螢光罐裝在道路兩旁的木樁上，天越黑，光越亮，但發電機和海水變淡水機兩個都太耗油，用一加侖油，才能變出一加侖淡水，「備而不用，只有部長來視察時，才會全部開機。」

年已花甲，思鄉情切

姚雲龍在大膽還種過花草，把碉堡前約五平方公尺的土地，耕之耘之，又加點肥料播種，勤加灌溉，把連長、副連長三人早晚的洗臉、洗腳水都奉獻出來澆水灌溉，果然不負所望，一週後，花苗冒出來了，再一週花莖挺拔而起，再一週枝葉茂密，花朵也呈現紅黃與白三色，「花瓣似菊花，花朵似玫瑰，但比玫瑰大。南山指揮部派人連花盆都取走了，放在指揮部飯廳、客廳。」長官來了也大叫「好美！好美！」其實早知道是那位姚指導員，那個姚雲龍班長栽種的。

戰爭後，終於在台灣過了幾十年和平無戰事的日子，婚姻美滿，兒女也成材。

一九八五年，姚雲龍意外生了一場大病，極為思念對岸親人，他想，自己就快要死了，總要讓家人知道怎麼死的，兩岸還沒開通，寫信又犯法，只好鼓起勇氣，由澳洲親友轉信。

每思及此都心如刀割。姚雲龍家書是這樣寫的，「大哥，大嫂，音訊中斷三十多年，你們一定以為我早已不在人世。既然無法相會，乾脆斷了音訊，免得你們牽腸掛肚。請大哥大嫂向我的父母跪拜請安，請老人家寬恕我這不孝子。」

信還寫到，「我已年近花甲，思鄉情切，縱使不能落葉歸根，至少彼此要取得連繫，將來下一代方便相聚。」臨書唏噓，仰天歎息，親人遠去，往事歷歷！淚水模糊雙眼，止不住的悲傷席捲而來。由澳洲朋友轉信，姚雲龍才知安徽老家早已空無一人，郵差輾轉尋找，好不容易才聯絡到舅舅。「安徽家人都不在了，只剩舅舅。」

圓滿了心中家的拼圖

思念很飄渺，來了又走。那時，他天天到門口等郵差，聽到有重機車送信的聲音就趕緊去看，等了好幾個星期。有一天，太太終於說有寄來的信，姚雲龍心跳加速，一看是澳洲寄來，兩排洋文，他不禁兩手顫抖，力持鎮定，把信貼在胸口喃喃自語，「這是我的家信，我的家信呀。」興奮與哭泣交錯，好像信裡裝一隻小鳥，深怕牠飛掉。「我知道，我千思萬想的信件已抵達台灣。」隔了三十多年，收到家人的第一封回信，時而仰天大笑、時而傷心落淚，訪談因哽咽而中斷訪談近五分鐘，那可是沉澱七十年的莫大激動呀。

「抽出信紙，慢慢地抽，慢慢地抽，」信中第一行一就稱他為雲龍二胞弟，激動在也忍不

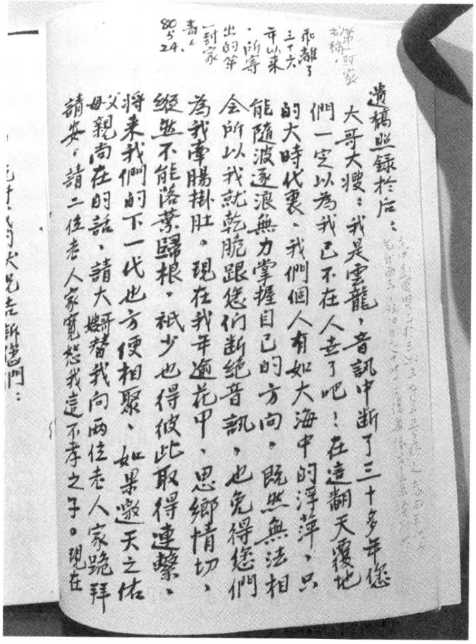
遺稿照錄於后：
大哥大嫂：我是雲龍，音訊中斷了三十多年您們一定以為我已不在人世了吧！在這翻天覆地的大時代裏，我們個人有如大海中的浮萍，只能隨波逐浪無力掌握自己的方向。既然無法相會所以我就乾脆跟您們斷絕音訊，也免得您們為我牽腸掛肚。現在我年逾花甲，思鄉情切，縱然不能落葉歸根，祇少也得彼此取得連繫，將來我們的下一代也方便相聚，如果邀天之佑父母親尚在的話，請大嫂替我向兩位老人家跪拜請安，請二位老人家寬恕我這不孝之子。現在

思念對岸親人，寫信訴說別後萬般不捨的心情。

家鄉的墓地，親人代為祭拜。

住，「從來沒有人叫我胞弟呀！」姚雲龍忍不住嚎淘大哭，信上說，「我父親一九五九年去世，媽媽為想我，眼睛哭瞎了。九十四歲的母親老人家叫舅舅拿出照片來給她看。」

舅舅當時覺得奇怪，「妳又看不到，」「我摸摸也好。」失明的母親這樣回答，日夜想念兒子，只能靠孩童模糊的記憶去想像他長大後的模樣，姚雲龍聽著這番話哭得斷腸，幾乎激動到說不出話來，「舅舅告訴我，每年的年三十晚上，我媽媽都要披頭散髮，拈香在手，遙拜雲天，跪在地上呼我的名字，說這樣叫孩子就想家、就會回家。」

他老淚縱橫萬分心疼媽媽，也感嘆戰爭無情，「這樣能不痛苦嗎？」害得他這輩子沒能好好盡孝。所幸大難未死，「大家搶著結婚，趕上結婚潮，我也娶妻生子，建立家庭，」圓滿了心中那塊家的拼圖，相信天堂的爸媽必然也感到萬分欣慰吧。

雖然沒有建樹，自覺無忝此生

《遷臺歷史記憶庫》訪談團隊問他對人生有何看法，「如果庸庸碌碌平平安安老死在鄉下，這個人生真毫無意義，」反觀自己經歷過飢寒交迫與顛沛流離，還有槍林彈雨，算最慘的，也因而最瞭解命運的捉弄。

心能停泊所在，安處即為鄉。雖然沒有什麼建樹，但姚雲龍自覺無忝此生。轉身就是一輩子，方才領悟「床前一杯水，勝過墳前萬柱香」，幸福源於被家人包圍的溫暖，留下的回憶而共同經歷的歲月，讓姚雲龍心內波瀾不止，「瞧白雲聚了又散，散了又聚，人生離合，亦復如斯。」

歷史長河內的因緣際會，姚雲龍又何嘗不身在其中？重溫渴慕的親情，怎能不方寸大亂？沉靜與從容有時候多餘，一家人既血脈相繫，就無須隱藏自己脆弱的一面。

姚雲龍 小檔案

一九二四年出生於安徽鳳陽縣，七七抗戰爆發成為流亡學生。一九四一年被抓壯丁當兵，抗戰勝利後回故鄉當小學老師。一九四九年來台，經歷過八二三砲戰，娶山地之花為妻，一九七三年少校退伍，至今高齡仍勤寫作，臉書常有回憶之作。

娶本省少妻，做湖南臘肉

彭中

時間與陽光山風淬煉出在地的舌尖層次，百歲人瑞彭中悠遊彰化八卦山下，佐以拿手的正宗湖南臘肉，和孩子講戰爭、鬼子，也講共產黨。排山倒海的苦難，總成為思鄉的閒話主題。

子孫綿延，百歲人瑞美好的「人間風景」，過 100 歲大壽。

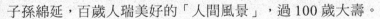

「時光才是最大贏家，君臨天下，也席捲了一切，」百歲人瑞彭中已在地球生活超過一世紀，對這句話更有深刻領悟。他滿頭白髮，舉步已蹣跚的迎來恆長歲月，與陽光山風共同淬煉出超越舌尖上的美味，悠遊彰化八卦山下，故事從燻製遠近聞香的湖南臘肉家鄉味說起。

在人瑞中，身子硬朗的彭中有張愛笑的娃娃臉，可以想見他年輕時多麼可愛討喜。未語先笑，不間斷的維持整個下午的驚人記憶力，活到一○四歲高壽，真不容易，雖然體力難免退化、耳朵重聽，鄉音也濃重，訪談要慢慢問，慢慢講，也慢慢聽，但是對話完全不乏味，令晚輩產生如沐春風的輕快。

祈求戰爭永遠不要來

百歲人生累積太多悲歡離合，出口敘述就精彩。一九二○年，彭中出生於湖南省邵陽縣接近赤貧的佃農家庭，整個村莊都日出而作，日入而息賣力勞動，大太陽下，汗水滴向泥土而結成糧食，給予農民溫飽及身子骨的結實。

排行老四的彭中，十八歲時因戰火燒向純樸家鄉而放下鋤頭從軍抗日，毅然跟著部隊往前線報效國家。戰火的威脅無時刻無刻，來不及害怕就遇上南京大屠殺，親眼目睹日軍暴行的慘絕人寰，憶往的聲音禁不住哆嗦，「為了活命，我只能假扮死人，躲在屍體堆當中才逃過一劫。」時而驚恐莫名、時而咬牙切齒，當時種下極深陰影，只祈求戰爭永遠不要再來。

倉皇走避到落地生根，島上安老

等到抗戰勝利，原以為返鄉重戴斗笠做農民是命定，未料再度面對「中國人打中國人」的國共內戰。「我不想再打仗，再夜夜驚恐受怕，開小差離開第五十軍，偷偷爬上駛往湖南的火車準備回家。」天不從人願，剛抵達湖南，又被抓壯丁，抓到陸軍第九十九軍第九十九師繼續作戰，部隊師長高魁元是陳誠的手下愛將。

歷經長沙會戰、浙贛會戰、徐蚌會戰等大小戰役，從抗日到抗共，在戰爭中埋送年少的歲月，彭中見證了戰火的殘酷無情，幾乎等不到明天的青春。

幾番波折來到台灣，深根彰化，在歷史重要轉折中找到一個喜歡的落腳之地，就是夢中的桃花源。他覺得萬分幸運，「多少人埋骨沙場，子彈不長眼睛，掃過來就沒命，」自己是離鄉背井的百萬軍民之一，行軍所到之處，一片焦土廢墟，生命脆弱到只剩瞬間。從倉皇走避到落地生根，如今幸運島上安老，他從不抱怨，一切都存感恩。

將媽媽的懷念，化爲燻製臘肉

最大的感恩，莫過於遷台後能在彰化就業訓練中心（現在改名為中彰榮家）謀得好差事。「從工友升到技工，從一九六四年到一九八二年，總共工作十七年。」彭中講述條理分明，數字也一清二楚。

把身體顧好的退休生活，雖然平靜安逸，對親人的有增無減懷念卻常影響心情，決定燻製湖南臘肉來轉移，「與媽媽分離後，我太想家，變得沉默不愛笑，」直到有自己的家，彭中為家營造家鄉的

口耳相傳成為人氣美食，手法不藏私。（圖片提供／中彰榮家）

堅持不放亞硝酸鹽和防腐劑，健康掛保證。

媽媽味，開始展現親切笑容。

專屬於親愛媽媽的無敵美味，難道只留在童年嗎？不，要重現餐桌，更要傳承技藝。逢年過節，院子掛滿一條條臘肉，飄香超過六十載，直到幾年前才因身體老化，做不動了才收工。

「六十年老經驗，也從沒有公開拿到外面去賣，只有附近老饕才知道這個私房菜，」每年農曆春節前夕，識途者循香紛紛來訂香腸臘肉，這個季節限定的家鄉美味，飄香鄰里間。

口耳相傳而爆紅成為人氣美食，彭中每年製作約一千斤臘肉，五百斤香腸的手法，不多不少，從未藏私，也遵循傳統，工序講究。他經驗老到的說，時節進入臘月後購買溫體五花肉，撒上粗鹽從醃漬到晾曬

湖南老兵彭中手作家鄉臘肉味，漸漸的名聲也傳開了。（圖片提供／中彰榮家）

最後煙燻得花上兩個星期，這段時間，每天都細心幫豬肉翻面，上下鹹度均勻。

四天後，再以檜木、果皮與多種中藥煙燻風乾，還要經過煙薰四次才製成道地湖南臘肉。「味道比市面上賣的香，肉質肥瘦適中不膩。」彭中的拿手菜是蒜苗炒臘肉，廣式臘肉飯也香氣四溢，堅持不放亞硝酸鹽和防腐劑，因此健康掛保證。

老夫少妻，各吹各的調

以歷史為鏡，透析變遷，彭中吐露時代的平靜聲息。他認為，高壽老人的愜意晚年，就是跟兒孫住在一起不孤單，親情足以撫慰暮年的寥耐。由外勞照顧生活起居，七十六歲行動不便的老妻則住在安養院。

夫妻年齡相差二十幾歲，走在一起像父女，老夫居家還偶爾親手燻製湖南臘肉一解年節口饞，少妻卻早一步住進安養院，身心逐步衰弱，說來一切都是命，半點不由人。「我媽媽嫁的就是老兵，五十五年結婚，從新竹搬來彰化，生下二女一男，我排老二。」從事水電的彭家兒子說，「爸爸年輕的時候脾氣急，我們做錯事要被罵，現在非常和藹可親，什麼都笑咪咪。」

烽火連天、風雨飄搖的往事

溫暖熱情又正派，寄情的一切卻難以永恆，只能以豁達之心面對世間的轉眼成空。彭中和孩子講戰爭，講鬼子，講共產黨，排山倒海的苦難，總在父子面對時，成為敲醒新世代的主要話題。

偏偏兒子年幼矇矓，無法體會老兵的痛苦與恐懼，槍炮只是玩具，它沒辦法化身為真實的武器，「堅定不移的民族正氣，是老兵令人肅然起敬的形象。他們是一頂永遠的老鋼盔，戰場一道熱血的防線！」彭中口述的往事裡，充滿烽火連天、天崩

全家活出美好的生命光彩。

地坼、風雨飄搖以及戒嚴肅殺……這些帶著狠勁的字眼，彭中說得萬分激動，「但無奈自己聽一聽，就忘記，爸爸反覆說……，我們小孩家昏昏欲睡，有時候彷彿是說給他自己聽。」兒子說。

彭中常講沒飯吃餓肚子的痛苦，「飛機空投食物也未必接得到。我們去拿的時候，日本鬼子就開槍打我們。」跟著部隊走，時常恍惚：「抗戰時期到處流亡，四處流浪。我究竟在哪裡呀？這輩子好像過了三生三世。」

外省老兵娶台灣老婆

妻子忙著挑廚餘餵豬，挨家挨戶挑，也成不了彭中的忠實聽眾。六〇年代，家家戶戶都沒錢，彭中在彰化榮民之家的薪水只夠買菜，孩子要生活，要教育，未來的日子還這樣長，做父母自己可以吃苦，但不能苦了孩子。

於是，妻子去挑餿水，就是現在講的廚餘來養豬，貼補了家用，沒讓孩子挨餓，自己卻日夜彎著身子勞動，累出一身的病，晚年健康走下坡，歲月饒不了人，尤其饒不了艱苦人。

外省老兵娶台灣老婆的老夫少妻現象，在五〇年代還蠻多的。兒子形容，講湖南話的爸爸一輩子都改不了口音，他聽得懂，媽媽日久也完全瞭解意思，但左鄰右舍聊天還是偶爾「雞同鴨講」，各吹各的調。

外省爸爸重視拜年，放鞭炮迎新年，本省媽媽則去廟裡拜菩薩，各色牲果拜完後，小朋友就有得吃了，歡歡喜喜。

自利也利人，皆大歡喜

彭中住在彰化郊區，可隨心所欲又自律甚嚴，連做拿手絕活湖南臘肉也都做得很規律，每年燻製一千斤臘肉和五百斤香腸，不多不少，持續六十年。他總說，人這輩子很短，處事待人站對方立場多設想，已所不欲勿施於人，已所欲，也不必強施於人。「上了年紀，養生飲食但求中道而行，過度講求未必有益身心，但是也不能不注意。」彭中盡量隨緣盡分，做一個曠達的老年人，自在而不煩擾晚輩，關注而不執拗，雖然腿腳越來越不利索，為了少麻煩家人，也認真復健。

再拿煙燻臘肉來說，本來就是做來給自己過年的，左鄰右舍要買就限量訂購，豈不也自利也利人，皆大歡喜？「今天是好日子，每天都是好日子。」眉開眼笑、滿面春風，彭中每年都回到榮服處參加暖心賀壽。呵呵，榮服處提醒別祝這位隨和的老人「長命百歲」喔！因為他一〇四歲，早已超越這聲祝福。

高壽可以領悟光陰，必須往前走，理解卻得回頭看，把悲傷與怨恨留在身後，才真正脫離牢籠。「責任扛在肩上時，辛酸和痛苦也一并承擔了。」彭中一輩子豁達，縱使臘肉已經再也……再也做不動了

彭中 小檔案

一九一〇年生於湖南省邵陽縣，十七歲投身軍旅，見證南京大屠殺，一九五九年因病傷退役，至彰化就業訓練中心（現中彰榮家）工作，取新竹婦女為妻兒育有一子二女，一九八二年自職場退休，燻製湖南臘肉極為搶手。

反共義士，自由的大口呼吸

卜占才

「再痛再苦也沒有突然被抓兵，被刺青的痛苦。」孤身來到台灣，舉目無親吃盡苦頭。背上刺有「國民黨萬歲，反共抗俄」及「反共義士」來表明反共決心，雖然上岸時坐卡車遊行，受到民眾夾道歡呼，但服役十九年被迫退伍。卜占才用微笑面對順逆，卻猶學著獅子，踩著雄壯的步伐前進。

娶妻育女的老派生活真實存在，也真切消逝。

揭開薄舊而泛黃的汗衫，反共義士卜占才前胸與後背佈滿刺青，目光所到之處無不是藍黑交錯的圖騰，手臂刺上「殺豬拔毛」，後背有黨徽，前胸除了「國旗」，最顯眼是「反共義士」四個大字。

沒錯，「反共義士」是一九五四年一月二十三日「一二三自由日」這一天誕生的時代新名詞，隨著一萬四千多名中國籍戰俘回到台灣，受到中華民國政府盛大歡迎，卜占才是其一。

看得觸目驚心，體無完膚刺進肉裡的，無異是飽受戰火摧殘的印記及自由的代價。為什麼援美反韓參加韓戰而成為反共義士？話要從一九三二年出生於遼寧說起，卜占才父親老年得子，年過五十才得到這傳宗接代男丁，可以想見多麼的寶貝。

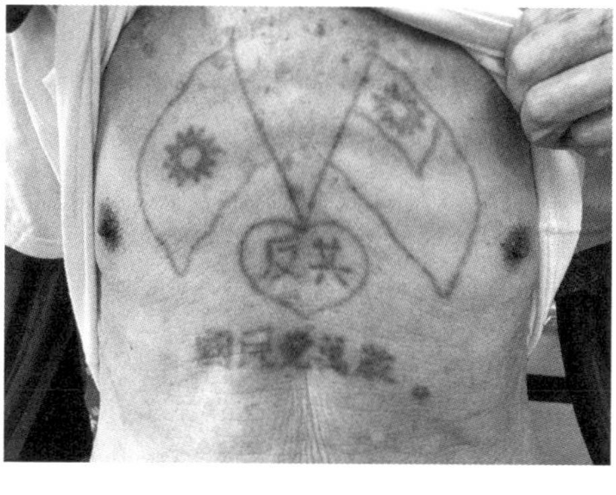

前胸後背以刺青，表達「反共抗俄」的決心。

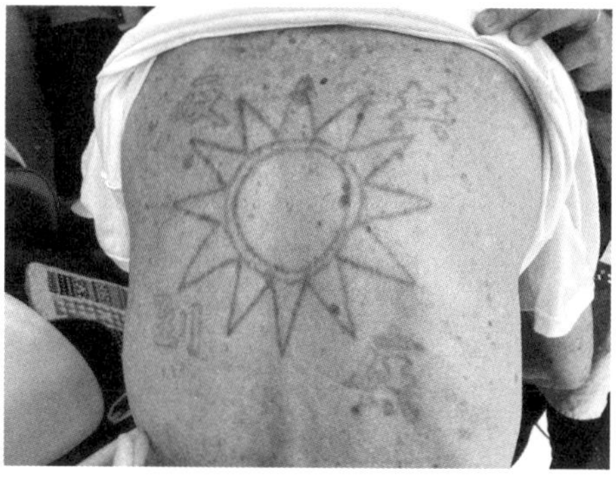

後背刺上黨徽，以示效忠。

毫無心理準備，被共產黨抓兵

跟著父母在鄉下務農，家境雖不富裕，但算得上小康，一切卻因為戰爭而山河變色。那一天走在路上，卜占才毫無心理準備的突然被共產黨抓兵，帶去北韓支援韓戰，「兩個兇惡的共產黨拽著我，他們那樣多人，我是小孩被拽著，我能怎麼辦？」

家人不知情，求救無門，又沒受過任何軍事訓練的卜占才無奈成為共軍一份子，懵懂上了戰場，隨著部隊餐風露宿從山東即墨來到遼寧丹東，渡過鴨綠江前往北韓支援，硬著頭皮捉摸攻守戰術，經歷過的，都像地獄。「美軍飛機來炸，炸完了，陣亡就算了，還再用汽油彈再燒一遍，確保無人生還，那個現場實在太恐怖了！」

在槍林彈雨中想盡辦法存活，回想起當時情景，卜占才餘悸猶存地拉開汗衫，「被砲彈第一次打的，我肩膀上還有傷。」再掀開褲管，左腿黑色深疤是沒包紮留下的，右腿疤痕較淡，有如一條條小蛇。這輩子，全身是傷，傷身也傷心。

躲槍避砲，奮勇殺敵，最後還是彈盡援絕遭到美軍俘虜。美軍拿著刺槍對著卜占才狂喊，「出來，出來……」倒楣的在戰俘營被關押兩年，四周都是鐵絲網，像坐牢一樣，直到韓戰停火後才獲得釋放，一九五四年，終於重見天日的戰俘當時全部收到兩個牌子，一個是去台灣，一個遣返大陸，若選擇去台灣，為表明反共決心必需接受刺青，「戰俘營上級一個命令，寫個稿子，叫我們刺什麼就刺什麼，沒辦法反抗，任人宰割嘛！」若是抗命不服從呢？「晚上一個鐵鎚，就把反抗的人鎚進糞坑。」

歷劫歸來的歷史見證人

當時卜占才想，能去台灣活下來重獲自由再做打算，刺青總比送命好。「希望不要再打仗，打仗太慘了。沒有吃、沒有喝、沒有水、也沒有地方住。」恨透抓自己去打韓戰的共產黨而選擇脫離火海，能來到自由寶島無異就是天堂，「這是我們的驕傲。」至此成為歷劫歸來，血淋淋歷史的證人。

一如期待，「戰俘搭船來到台灣高雄，下船就被大卡車載去遊行，滿街群眾夾道歡呼，像來看大明星同樣瘋狂，還把香蕉，還有很多東西往車上甩，感覺很熱鬧，很過癮，很痛快。」被英雄式的舉國歡呼，是卜占才十八歲被共產黨抓兵，完全無法想像的。

英雄卻只當了一天，先隨部隊整編到林口下湖營區，沒多久卜占才就被派往金門前線作戰，陸續歷經了八二三及六一九砲戰，只是這一次，他的身分是中華民國國軍，敵人是共產黨。

再次踏上前線而血脈賁張，是想替當年被抓兵的自己出一口氣。「砲彈打過來，也是東滾滾，西碰碰，全身傷痕累累的躲砲彈皮，被打到，不是傷了胳膊就是斷了腿，」卜占才強調，「你不殺我，我就要殺你。」怎麼選擇都是萬分痛苦呀，受那樣多折磨累積的爆炸心情，全躍於言談中。

卜占才掀起長褲，露出雙腿說，右腿受傷沒包紮留下黑疤，左腿有擦藥，還看得到受傷的痕跡。這都是參加八二三砲戰留下來的「戰績」。

繼續往金門前線扛槍打戰，歷經大小戰役，鬼門關來來回回，不料服役滿十九年卻被迫提前退伍。還差一年就可以領到終身俸讓晚年有靠，豈料命裡得不到這安穩，只好乖乖就範。他說，反共義士很少領得到終身俸，根本沒有。

發輝大愛而娶本省籍妻子林月桂，將孩子視如己出。

被迫提早退伍，轉去紡織工廠上班

「很刻薄，」他不禁輕輕嘆口氣說，被迫提早退伍是在一九七三年，領了兩萬元轉去紡織工廠上班，結識剛剛喪夫、聽障又帶著四個孩子的本省籍太太林月桂。卜占才歡喜又甘願的付出大愛，將孩子視同己出培養成人。

「阿公，阿公……」林月桂在受訪時輕喚著丈夫的名，「我很感恩你喔，阿公。」對於阿公過去在大陸及北韓打仗吃那麼多苦，林月桂也是第一次完整聽到，更加疼惜老伴，「難怪，我說你為什麼常常嘆氣，原來吃過這樣多苦。」

「皮之不存，毛將焉附」這輩子打了太多的仗，的確承受了無數的痛苦，但卜占才卻認為自己並不可憐，如今在妻子及兒孫的陪伴下，幸福的頤養天年，這樣已經很滿足。他說，戰火中，沒有真正的贏家，只有受苦難的人民。沒有親身經歷過的人，完全不曉得戰爭有多可怕，一路走來，曉得和平不易，更珍惜現今的安定與自由。

想家也沒用，乾脆不想

寬解能重新詮釋人生，無懼前行。因為前方有光的守護永遠不放棄對未來的期盼。在自由的土地上大口呼吸，是最珍貴的禮物，「人生就要有自由，沒有自由，活著不是很痛苦嗎？」卜占才離家後沒有再見過父母，他想得非常透徹，「思念也沒用，我離家被抓兵的時候，爸爸才五十六歲，等到開放探親可以回大陸，父母都不在了。」

再痛再苦也沒有當年突然被抓兵，被刺青的更難忍受，「想家也沒有用，就是回不了家。」孤身來

放下過去磨難，珍惜眼前的全家團聚。

到台灣，人生地不熟，舉目無親吃盡苦頭，「乾脆就不要想。」

歲月的痕跡，深雕於顫顫巍巍中。生不由己，怎能不對命運臣服？父母在，尚有來處，父母不在，只剩歸途。他放下過去，珍惜眼前，因為，過去真的太苦，太苦了。

卜占才 小檔案

一九三二年出生於遼寧，十八歲被共產黨抓兵去北韓支援韓戰。一九五四年以反共義士之名搭船來台，被派往金門前線作戰，陸續歷經了八二三及六一九砲戰，服役滿十九年，被迫提前退伍。

輯三

女性的天倫嚮往

被戰爭改變的兩代人

陳鳳馨

「父親來台灣，懸在一念之間，是有漂流感的。」戰爭改變兩代人，通通都無例外。兒孫理解，老人家經歷戰爭，赤手空拳又千辛萬苦把自己帶到這個世界，所謂「家」也才得以具體起來。陳鳳馨另有一種理解，戰爭不是死傷人數的問題，而是徹底改變兩代人的人生。

歲已遲暮，老人家企盼一幀完整的全家福。

生命宛若疾馳而過的火車，快樂和傷悲就是那兩條鐵軌，在每個人身後緊緊追隨。倉皇而又模糊，除非能停下來……。遠遠地回顧角色的決定與際遇，是誰堆疊起迴異的故事結局？由自己決定？還是命運？

「如果沒有戰爭，我外公就會待在日本北方四島，慢慢在那邊定居，也許到我母親這一代，他們的更下一代，自己的祖先來自浙江青田，可能就慢慢忘記。」資深媒體人陳鳳馨口中的外公林錫清一生流離卻心繫家鄉，直到過世才找到根。

一生流離，心繫家鄉。林錫清夫婦與林喜佐、陳鳳眉。

兩岸沒開放探親，最大遺憾

林錫清出生於浙江青田，因貧苦離開家鄉往東洋打拚，娶了日本籍妻子，結婚生子組成中日家庭。一九四五年，日本戰敗後，北方四島被蘇聯佔領，林錫清因而帶著家人返回青田老家，卻因為國共內戰一觸即發，道路受阻再加上自己被視為日本僑民，政府想將他們一家遣送出去，最終，林錫清輾轉來到了台灣，並在高雄落腳。

這個世界最珍貴的，永遠是那些逝去的時光。當下並不知覺，就笑著、哭著、跳躍著、煩憂著……直到韶光遠去，才知那一刻，「夢裡方知身是客」，幾度看到陷入回憶的老人，在夢裡尋找現實，感覺眼前一切像一場夢。外公從日本到上海再到台灣的一生何嘗不是如此？讓陳鳳馨十分感慨這個時代既無奈又無情。「自外公離家之後，就再也沒能回到青田，即便來台生活，他也心心念念著老家的親友，」直到過世之前，兩岸都沒能開放探親，成了心中最大的遺憾。

親情最錐心，回首剎那總得到一種清明的酸辛，細細揣摩出無悔的思念，陳鳳馨言談中充滿外公海外磨難的疼惜，「日本人還蠻排外的，真的到了日本也不見得容易生存，在台灣與日本間難以選擇，最後決定來到日語也通的台灣，終究已回歸中國，生活也許容易些。」陳鳳馨常聽到媽媽邊嘆息邊說，「妳外公在世的時候，都沒辦法回浙江青田看看，他老人家總是很難過。」

完整的全家福，因阻隔不可得

終其一生都勤奮向上，林錫清從上海到台灣，每天認分的去市場批貨叫賣汗衫，早出晚歸埋頭苦幹，和妻子辛苦將六個孩子拉拔長大，只是日子漸漸安定的同時，心裡卻始終思念著老家，經常遙望海的那一邊，久久不發一語。「來到台灣，外公已經五十多歲，只會說青田話跟日語，想要謀生養家，真的並不容易。」

身不由己的椎心，竟綿長四十年，苦等回鄉，卻物非人已老，完成一個舊的心願，卻也重新滋生新的牽掛。「說來遺憾，外公始終沒有等到兩岸開放探親。」

歲已遲暮，老人家多麼希望終老之前有一幀完整的全家福，歸鄉心願化為一趟旅程，卻因兩岸阻隔不可得。子女也感知，人生真的沒有太多時間等待，等著，等著就變遺憾，到時子欲養親不待，後悔也莫及。

做兒女的，絕不能漠視父母的期盼和心願呀！為了幫林錫清圓夢，兒孫們齊力展開「尋根之旅」，盡其可能用人脈網路去搜尋。卻由於失聯太久，困難重重，就在快要放棄的時候，奇蹟發生了！「透過同鄉會，開始尋找在青田的老家及親友，但實在是失聯太久、加上林錫清中間還改過名字，因此找了半天遲遲都沒有結果。」

大夥動腦筋想辦法的當下，同鄉會理事長向一位鄰居打聽，這位鄰居又熱心的去問了自己的爸爸，沒想到對方正好就是林錫清的姪子，就這麼巧。

外公林錫清思鄉，為幫老人圓夢，兒孫們展開了一場「尋根之旅」。

兒女代替長輩踏上歸鄉路

與親人發生感應，戲劇性的尋親轉折，讓全家人深深覺得不可思議而歡欣，也覺得冥冥之中應該是林錫清在背後幫忙。

二〇一九年，兒女終於代替林錫清踏上了歸鄉之路。故鄉何等美好！阡陌連天、白雲悠悠。一番烽火被迫往異鄉跋涉，多年後再返舊地，黑瓦覆蓋、木欄環繞，那沾染歲月足跡的屋舍仍矗立眼前，令陳家二代深思良久，恍若見到古人拱手，引渡自己回返少年。

一路悲喜交集，在青田老家見到親友的那一瞬間，雙方激動不已，那是家的連結、親情的團聚，也是林錫清盼了一輩子的落葉歸根。朝思暮想總算聚首了，兒孫都理解，是老人家經歷戰爭，千辛萬苦把自己帶到這個世界來成為他們的孩子，所謂「家」也才具體起來。

陳鳳馨說，父母赤手空拳，無所倚傍的拚盡一切氣力，讓下一代不用為吃穿發愁，被無條件的愛包圍，成為一個自尊自愛，對社會有貢獻的人。「說來，爸爸媽媽兩個家族都是被戰爭改變一生的人，」所以，陳鳳馨另有一種理解，戰爭不是死傷人數的問題，而是徹底改變兩代人的人生。

太爺爺曾是抗日英雄，英勇報國

愛，才是最終和至高無上的真諦，使得人類的存在能為它振作起來。「我的老爸，是全世界最帥的老爸！」談起也和外公同樣省籍浙江青田而備受「老丈人疼惜，看女婿越看越有趣」的父親陳景天，這巧合，讓陳鳳馨充滿孺慕之情，因為帥爸不僅給了自己無可取代的呵護，更進一步影響她成為努力不懈的媒體人，是自己這輩子最大的偶像。

來台灣懸在一念之間，是有漂流感的。「無論處在多艱難的困境中，我爸依然自我決定成為何種人，帶著家人往好日子不懈的奮發前進。」三代被戰爭改變一生，無人可以置身事外。陳鳳馨說，爺爺出生書香門第，太爺爺陳貫洲協助創辦阜山中學，曾是抗日英雄，大膽潛入日軍部隊，偷鹽給鄉民，英勇奪冠。「我爸跟隨父志而從軍報國，因為個子很小，比槍桿都還矮，沒辦法進入軍隊。」待了半年，個子居然抽高長到一百七十公分得以入伍，因受傷成為療養兵後退伍轉業，進入新聞界，也讓耳濡目染的陳鳳馨得以接棒。

文筆受到青睞，發揮寫作天賦

提前離開軍旅，陳景天年僅二十七歲而輾轉來到南台灣，終於在《臺灣新生報》南部版尋得一份以稿費計酬的特約記者工作，發揮採訪與寫作天賦，成為軍人轉業成功的案例。

「你們看，我爸在軍中拍攝的照片都直挺挺，退伍後，每一張姿勢反而歪七扭八。」陳鳳馨形容帥老爸一拍照就燃起模特魂。鳳山高中一位老師曾問姊姊，「妳父親就是陳景天喔？我們好崇拜他。」舊時代資訊多半由讀報而來，報上密集刊登父親的名字而成為公眾人物，是超級光彩的。

一九五六年前後，媒體尚在戒嚴中，台灣還沒有任何電視台，只有報紙提供社會資

家族合照，共擁天倫的珍貴。

訊，《臺灣新生報》公辦省營，因此，能進入報社當記者是非常了不起的事情。陳景天雖沒有特殊背景，卻因文筆流暢備受青睞，一路升遷加薪受肯定。

既父女連心，更因家學淵源與耳濡目染，陳鳳馨承接父親的新聞熱血，烘托家族的文學基因而在媒體贏得盛名，每天看七份報紙，看完再整理看報心得，父女交互討論，激盪思維，日積月累的讓陳家誕生兩代傑出記者，無縫銜接新舊世代。

老人家經歷戰爭，千辛萬苦撫養兒女長大成人。

家永遠是精神原鄉，禁得起考驗

陳景天台語不輪轉，跑新聞難免吃虧，為了讓孩子們更融入社會，煞費苦心特地把三個女兒送去就讀本省人居多的鳳山國小，只希望孩子們都能說得一口流利台語，融入在地生活，快樂的成長，將來在各領域一展長才。「更為了彌補年輕工作在外對家庭的虧欠，老爸對四個女兒疼愛有加！」不但呵護備至、還曾花費足足一個月的薪水，買漂亮洋裝當生日禮物呢。

歷經戰亂，在憂患至深的絕境下承受極度考驗，逆境中用愛彌補遺憾。未辜負家族遺願的陳鳳馨感慨萬千說，家永遠是精神的原鄉，爸爸在台灣不僅落地生根，更營造了一個溫暖大家庭，父女有幸，同步見證了四、五〇年代的記者風華和數十年來的動人變遷。

陳鳳馨 小檔案

一九六五年生於鳳山，政治大學新聞系畢。資深媒體人，長期對國際趨勢、商業財經、政治脈動的深度研究及評論觀察。曾任《風向龍鳳配》、《財經起床號》及《國民大會》主持人。

外公林錫清出生於浙江青田，往東洋打拚娶日本籍妻子。父親陳景天戰亂從軍，因受傷退伍，轉業為新聞記者。

翟萍攜女傳依萍
烈士遺族開枝散葉

傳依萍

空軍烈士傳定昌是第一架黑蝙蝠飛機家屬，到大陸挖骨帶回台灣遷葬的成功案例。由空軍以隆重軍禮迎靈後安葬碧潭公墓，整個過程由當時在報社擔任副總編輯的傳依萍聯絡、召集和協調，盡心盡力，事成後寫了一篇〈爸爸回來了〉為紀念。

傳媽媽帶一大家子逃難撤到台灣，開枝散葉。

歲月彈指過，再見已兩鬢染霜？好朋友看到傅依萍，總會稱讚傅媽媽翟萍與眾不同的健康也漂亮，不但行動自如，還手巧編織，為兒女下廚燒家常菜也身手俐落。

傅媽媽在學校讀書時叫「翟雨英」，在二十大隊岡位時叫「翟萍」，和翟雨亭與翟雨春兩位弟弟一起逃難到台灣。朋友多數是透過傅依萍的臉書認識她的家人，羨慕一大家子老老少少都能平安的開枝散葉，家族聚會浩浩蕩蕩，尤其難得。

外省第一代，來台小小篇章

傅依萍謙虛感受到媽媽只是茫茫滄海中的小人物，看過《巨流河》和《大江大海》、《疾行船》等書中許多顛沛流離悲歡離合的故事後，「更覺得家母娘家翟氏家族撤來台灣的過程，以及他們在大陸淪陷前後的經歷，未嘗不可做為外省第一代來台歷史的一個小小篇章。」

一大家子老老少少，包括纏小腳的外婆，在一九四九年兵慌馬亂的時局，都能搭上軍機平安從上海飛來台灣，這是很幸運的。傅媽媽當年只是個二十歲的小人物，大舅不過是空軍低階士官機工長，怎麼做到的？

先從傅媽媽幼時講起。虛歲十歲時念初小一年級，正逢對日抗戰，只要聽說日本人來了，全班就往外逃跑。「日本兵很壞，高麗兵更是殘忍，只要聽見嬰兒哭，就用槍尖的刺刀刺進嬰兒肚子。」鄉下人聞之喪膽。

初小四年念完，外婆認為女孩子不必多讀書，沒讓傅媽媽到縣城去上高小，留在家中種田，未料十五歲時被汪精衛的和平軍「綁票」，偽鄉長命令一家交出一人，傅媽媽和表嫂被綁，跟同村十幾人一起被關在一間大房子。對她們還算客氣，一天供應三餐，吃的比家中還好。

關了五六天，家人把存糧都賣掉付了贖金，傅媽媽才獲釋回到家，外婆還氣呼呼的心疼花了好多錢。

兄妹從江蘇坐船到上海

抗戰勝利後，一九四六年，十七歲的傅媽媽帶著小三歲的弟弟，也就是傅依萍小舅，跟隨空軍二十大隊擔任機械士的大舅，兄妹三人從江蘇啟東農村坐船到上海，和稍早到達的依萍外婆會合，住在五角場平昌街。

到了上海，傅媽媽先由大舅舅相親的女友（後來成為舅媽）補習功課，暑假進入中正中學暑期補習班，每周要考試，「八十分為一關，五次都過關，足證天資聰穎。」傅依萍說，媽媽開學後便直升念初一。

讀了兩學期，鄉下老家親戚聽說共產黨要來，紛紛逃往上海。八九口人擠在小小的房子在地板打地舖，生活艱苦，沒錢繳學費。傅媽媽只好輟學，一度到浦東一家醫院當實習護士，做了三個月不喜歡便離開。平昌街鄰居鄭太太對傅媽媽甚好，常帶她到鄭先生工作的空軍二十大隊部去玩。鄭先生是譯電員，隊部的總機領班看傅媽媽漂亮，展開熱列追求。

背熟了六十門總機的門號

傅媽媽先請這位領班讓小弟，即傅依萍的小舅進入二十大隊補個兵缺，擔任線務員。小舅因此有了一份軍糧，稍解家中一大家子吃飯困境。過了一陣子，再叫小舅詢問隊部總機房有無空缺？通訊長叫他「明天帶來看看。」

被帶去看看的，就是傅媽媽。通過衛兵崗哨，順利見到中校官階的通訊長，問答幾句，看了不錯，立馬帶到總機房，交代電話班的班長安插工作。之前追求的班長已調到南京去了，新班長派人教導這位「翟小姐」總機接線的程序。一開始，要先學會聽懂話筒那邊的聲音。傅媽媽當時還是翟小姐，原本只會講家鄉話，普通話（國語）聽不太懂。經過三天學習就聽懂了，接下來再以三天背熟六十門總機的門號。

當年打電話，要透過總機轉接。有電話進來，紅燈就閃，接線員詢問找誰，對方說找哪個單位，接線員就把線插入該單位門號的洞內，接通了就閃綠燈。

「別人要學一個月才能開始上線，我媽媽學一星期就上陣了。記性好，反應快，每有電話打來，總能快速轉接，甚得單位領導的賞識。」一九三八年正式進入空軍二十大隊總機房，擔任「下士三級話務員」。因此又多添一份軍糧，家中伙食大為改善，餐桌不再青菜豆腐。

傅媽媽平時住在總機旁邊的寢室，有三個人輪班，早上六點到十二點、下午十二點到六點值班，晚班整晚在總機房，通常過了午夜就不會有電話，工作不算辛苦。

總機轉接，感受戰事緊迫

每有單位需要二十大隊派軍機接送，都透過總機轉接，因此傅媽媽得以感受戰事的緊迫，經常聽到話筒裡要求派機到南京，接某某政府要員赴台灣。

傅依萍愛聽媽媽講從前，大舅舅原是空軍二十大隊機械士，結婚一年後，為了養家需要升軍官加薪，乃申請到成都的「專修學生班」通信電子科第一期受訓。因時局不穩，提前畢業，希望能回原單位，寫信問傅媽媽幫忙打聽有無空缺。「媽媽跟單位領導詢問後得知，成績最好的前五名通信人員可到上海江灣基地，大舅是第二名，乃得以和另外四名同學分配進上海二十大隊。」傅依萍說。

一九四九年，國軍在徐蚌會戰戰事失利，陸續開始撤退。空軍單位要求通訊人員先行到台灣新竹基地塔台佈建通訊設備，並允許帶家眷前往。有了上級的命令，加上傅媽媽的好名聲和人脈，時年六十歲的外婆、大舅、大舅媽和襁褓中的表哥，以及在空軍二中隊當機械兵的二舅及年約六歲的兒子，都跟著搭軍機先來到台灣，開始摸索寶島新生活。

過了約一個月，傅媽媽也奉命搭軍機撤退與家人團圓。她記得那天，早上六點接班，一個炮彈打來，整個總機房都震動。通訊長已先撤去台灣，副通訊長蠻照顧女士，「立刻叫勤務兵把我早已收拾好的隨身行李拎著，護送上一百公尺外跑道上的軍機。」爬上機艙，除兩個駕駛，兩邊坐了不到十個人。傅媽媽記得，運輸機飛得很慢，兩個半小時才在新竹降落。

家族黑白照片充滿回憶，兒時歡笑回到眼前。

上海江灣機場最後撤退的人

逃難驚險萬端，傅依萍形容小舅更「神」，據說是上海江灣機場最後一個撤退的人。小舅說，一九四九年五月二十四日晚上八點半，他在上海江灣機場總機留守，遠方砲聲隆隆，突然接到電話，叫他立即放下話筒往機場跑道跑，一架C-46運輸機已發動引擎隆隆作響等著，拼命奔跑約一百公尺，機工長在機尾艙口一手把他拉上飛機，飛機就開始滑動了。

起飛不久，右邊的發動機被砲彈擊中，機艙內的人聽指揮往一邊移動，維持機身平衡，飛機慢慢地飛了兩個小時才到新竹，一落到跑道，另一個引擎也停俥了，真是險象環生。

一大家子空軍低階士官眷屬來到新竹，初期住在南寮一戶農民養牛的牛厩旁，一間八坪大的空屋，還在天公廟裡住過幾個月，靠著眷糧慘淡度日，後來配給到樹林頭眷舍才稍好一些。「外婆雖裹小腳，卻身手俐落，操持家務照顧小孩都沒問題。」傅媽媽仍在新竹機場總機工作，平常就睡在總機房，休假時才回家。

婚姻大事由當初介紹進20大隊工作的鄭先生夫婦作媒，認識了空軍八大隊的通信中尉傅定昌，交往了一陣，「吹了」。陸續有七八人追求都沒中意，後來再經同事撮和，傅媽媽終於下定決心，再次選擇木訥老實的帥哥傅定昌。

軍禮迎靈，安葬空軍烈士公墓

兩人先在報紙刊登「訂婚啟事」，一九五二年，由總司令王叔銘主婚，參加共有三十六對佳偶，盛況空前的集團結婚。婚後七年，陸續生了依萍和兩個弟弟，一九五九年，傅爸爸出任務摔飛機，沒再回來，被空軍列為「失蹤」。直到三十三年後的一九九二年，傅依萍才知道爸爸原來是空軍「黑蝙蝠中隊」的中校電子通信官，到大陸出特種任務被米格機截擊，同機十四人不願跳傘逃生，甘願與機共存亡，飛機撞山燒毀。當地村民收集遺骨殘骸，埋在山腰上一處

空軍八大隊通信中尉，木訥老實的帥哥傅定昌。

廢棄的炭窯坑。

一九九二年，同機遺屬組團到廣東恩平大旺山（又名金雞山）現場挖出遺骨，火化後帶回台灣，由空軍以隆重軍禮迎靈後安葬碧潭空軍烈士公墓，是第一架黑蝙蝠飛機家屬到大陸挖骨帶回台灣遷葬的成功案例。整個過程，由當時在報社擔任副總編輯的傅依萍聯絡、召集和協調，費了很多心力，事成後寫了一篇〈爸爸回來了〉，發表在聯合報副刊。

一直被空軍列為最高機密的「黑蝙蝠」和「黑貓中隊」的英

走過成長的歲月，認知軍人家庭的奮進脈絡。

勇慘烈事蹟，近十年來陸續有書籍出版和文章報導，逐漸被人知曉。一〇五年，傅依萍做了一次演講，題目是「從黑蝙蝠中隊的故事看兩岸關係」，事先做了很多功課，廣為閱讀，才更清楚了解爸爸那批烈士為國犧牲奉獻的偉大。

肩挑重擔，靠著撫恤金過日子

身為烈士遺族，應該感到光榮。但在當年消息閉鎖民風保守的時代，傅家就是一個沒有爸爸、由寡母帶著三個幼子的可憐人家。

傅爸爸「失蹤」時，傅依萍六歲、大弟四歲，小弟還不到九個月，傅媽媽一肩挑起擔子，搬離新竹樹林頭，擺脫前來「糾纏」的爸爸男同事，沒有出外找工作，靠著撫恤金過日子。三年後，由大舅舅作媒，跟陸軍上校（後來晉升少將）蔣建中結婚。家中有兩

孩子在正能量中成長，建立了自信和樂觀。

份收入，生活環境稍好，還有餘裕支援大舅小舅和表哥。後來外婆也長住傅媽媽家，直到一九八八年，以九十九歲高齡去世」。

「媽媽自覺學歷不高，但很注重三個孩子的學習。」傅依萍小學唸過新竹空小、台中空小、台中忠孝、台中建國、板橋後埔國小。每次轉學，傅媽媽都先打聽學校的名聲、拜訪老師請託照顧。「記得我五年級轉學到板橋後埔國小時，特別受班級導師關愛，作文比賽、演講比賽都指名叫我參加。」後埔國小的畢業話劇公演，傅依萍扮演女主角，畢業典禮上代表畢業生致詞。藉著師生的肯定，漸漸建立了自信和樂觀的心態。

兩岸和平就是最大心願

傅家長子在後埔國小也是全校第一名。後來分析，當年國民小學的孩子大都是本省人，國語不標準。在嚴格規定「要說國語」的時代，外省子弟比較吃香，後來轉學到外省人較多的「及人小學」，就不再名列前茅。

三姊弟升學都還順利，兩個弟弟大學畢業後，傅媽媽繼續供他們出國留學，一女二子沒有去當太妹太保，有良好的品格，要感謝母親和繼父的教誨。「繼父無己出，視我們如親子，小時嚴格管教，及長變得慈祥。」傅依萍說，繼父隨國軍來台，與家鄉隔絕，直到政府開放探親，才由侄子陪同回湖南瀏陽老家探視，到父母墳前哭拜。回台後健康日差，晚年臥病在床，傅媽媽悉心照顧，享年八十四歲去世。

傅家姊弟具有良好的品格，感謝母親給予晚輩受益無窮的身教。

傅依萍在新聞工作上表現優異，具有寫作天賦。

「媽媽多年來篤信基督教，對聖經嫻熟，在教會甚受尊重，每周固定上教會聚會，有幾天還用電話跟教友一起讀經。」教會生活給予很大的寄託，兩個海外兒子輪流從美國回來與傅媽媽同住。傅依萍瞭解媽媽關心國家大事的心，尤其擔心兩岸再起戰爭端。「她那一輩經歷過戰爭、逃難、親人戰死，非常不希望兒孫輩也重歷戰火。」兩岸和平，就是她老人家最大的心願。

傅依萍小檔案

政大外交系、外交研究所畢業，曾任聯合晚報總編輯，世界女記者與作家協會中華民國分會理事長。目前擔任女記者作家協會榮譽顧問、歡唱團團長、對外關係協會理事。母親翟萍，一九二八年出生於江蘇啟東縣，父親傅定昌一九二四年出生於貴州貴陽市，一九五九年殉國，傅家育有長女傅依萍及傅依俊、傅依傑。

雲端黑蝙蝠，凡間七仙女

鍾德英、李花崗

祈禱出任務的飛官平安歸航，無止境的驚惶等待卻換來心碎。華興育幼院想收養孩子減輕單親負擔，但鍾德英意志堅決的「一個都不送」。以智慧扭轉悲情，購屋置產完成丈夫遺願，「外面世界那麼大，我要孩子出去看看。」

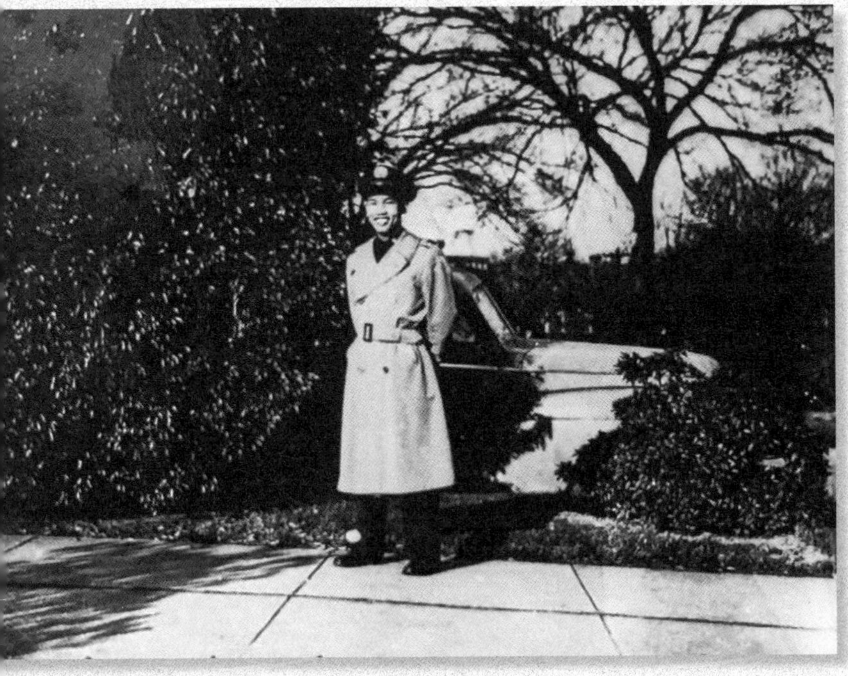

孩子難忘空軍英雄李澤林燦爛的笑容。

難道相聚的時光註定愈美好，愈短暫？漂洋過海來台灣，綿延超過五千里，遷台家庭各有奇妙際遇，無不飽嚐戰亂與離合，繁華與孤寂。

黑貓英雄李擇林四十歲空難離世，「征出征入趕秋寒，游子歸思獨倚欄，庭外蟲聲啾唧唧，階前路上蟻團圍，急步登機空作賦，家鄉徒只白雲噉。」這是他登機前寫給妻子鍾德英的深情詩作，每次出任務都寫厚厚一大疊。如今深深一唸，隨口朗讀都是椎心刺骨的痛。

思念無已時，夫妻的情分竟薄如桑紙，「我一定要去，但不一定回來。」許多年又許多年過去，出任務無懼的李澤林，以報國精神鼓舞著妻小，遷台的艱困都可以度過，長夜漫漫必也終將黎明。

時而想起新竹的樹林頭

一切的一切，恍如昨日。鍾德英和原本繞著地球跑的女兒們回台灣後就集中落腳林口，這小城總讓人迷戀，馬路筆直寬闊外，巨木遮蔭，腳下的石塊平整，動線流暢。風景在眼前相似，要尋著路標找路才知東南西北。

光影穿過樹間的縫隙，照向一家人相守的時光。這幽靜，總讓鍾德英時而想起新竹的樹林頭，那兒是全省最大的空軍眷村，每個太太都守著家門盼先生落地歸來。為國為民犧牲奉獻是舊時代一致的認定，「沒有國，哪有家？」當先生外出征戰，太太就要收起長串的驕傲和心酸，等待再等待。

鍾德英也不例外。回想一九六〇三月二十五日那個星光暗沉的晚上，吉普車停在家門口，軍方敲著門，咚咚咚響，聽到的人，遠的，近的……，都知道這是發出什麼樣的訊號。軍方並不多話，僅簡短告知家屬，「還在找……」夜特別黑，每次丈夫出征都緊張到無法呼吸的鍾德英心生不祥，「還在找」的意思其實是，十四位飛行員犧牲在首爾上空，全部為國捐軀。

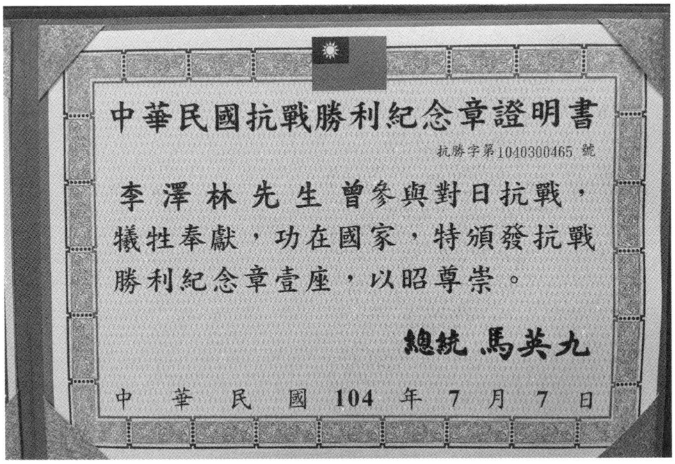
中華民國抗戰勝利紀念章證明書

抗勝字第1040300465號

李澤林先生曾參與對日抗戰，犧牲奉獻，功在國家，特頒發抗戰勝利紀念章壹座，以昭尊崇。

總統 馬英九

中華民國104年7月7日

李澤林為國捐軀，以愛傳家。

一家人要永遠守在一起

「才四十歲……」談起英年早逝的丈夫，鍾德英以濃重的四川口音邊講邊嘆，尾音拉得好長，長到綿綿無絕期。

當時最小的老六抱在手上，未來日子還這麼長，怎麼辦？怎麼辦？蔣夫人的華興育幼院前來善心收養，「我一個都不送，」公家來了三次都沒辦法說服剛強堅毅的鍾德英，她失去丈夫，絕不要再跟孩子再分離，丈夫給予的愛情，足夠支撐這個艱難又孤獨的決定。

真的難，六個孩子嗷嗷待哺！

「每次爸爸出門，媽媽都因緊張而祈禱，」飛機落地返家，則是孩子最高興的時刻，緊緊抱著爸爸不放，小的拿拖鞋，大的倒熱茶，直到似懂非懂聽媽媽說爸爸不再回家，哭成一團，「我們都好害怕被送走。」李花崗當年八歲，不禁問大人，爸爸不再回來的家，難道就不再是完整的家？

全家人要永遠在一起的信念，來自李澤林給妻兒綿延不絕的愛。「那燦爛的笑容呀！」大小齊聲這樣讚嘆與想念。

有了爸爸的家，才熱呼呼的有溫度。

父母之命，訂下娃娃親

生命旅程繼續往前，並沒有太多停佇思考的機會。回想一九四五年抗日爆發，膽識不可小覷的鍾德英之所以隻身從四川到上海萬里尋夫，是因為明明都快訂婚了，但是新郎官李澤林因戰亂遲遲回不到四川，苦苦等待也不知要等到何年何月，乾脆直接去上海尋夫。

「兩家上一代是中醫好朋友，約好一家生男一家生女就來結親家。」這老派的指腹為婚促成天賜良緣。「我們廣東人的婚姻都由父母之命，訂下娃娃親。」鍾德英說。

沒想到，這原該浪漫的尋愛飛行，居然墜機掉了下來，「我媽昏沉沉的爬起來，還推推身邊人說，趕快一起走吧！」李花崗聽媽媽說，沒想到身邊那人已不幸往生了，只留自己命大，傻傻繼續前往上海完成終身大事，再遷往台灣住進新竹樹林頭空軍眷村。

這村又叫「寡婦村」，可以想見，多少媽媽曾經在這裡斷腸心碎成為寡婦。

婚後孩子一個接著一個報到，那個年代生六個根本並不算多，只是，連生六個女兒就覺得愧對家族，傳宗接代的壓力排山倒海。但李澤林完全沒有重男輕女的八股觀念，反而抱起每個女兒，連聲讚嘆她們漂亮可愛，「小公主、小寶貝」這叫喚多好聽呀！全家都多想再聽一次，一次也好。

曾經，全家最大的快樂就是「爸爸回來了。」那溫言細語一輩子蕩漾在腦海裡，但是，回不來了。

黑蝙蝠暗夜飛進大陸領空

回不來的李澤林出生於一九二二年，國難當頭，由不得自己，懷抱從軍報國的熱血而放棄原本接觸新世界的新聞系，歷經國共內戰到台灣後被編入黑蝙蝠，執行危險的低飛任務。

「飛行員都知道危險，也都珍惜生命。可是，在那個國家多難的年代，哪有個人可言？國家需要去哪裡就去哪裡，絕對忠誠與服從。」李澤林曾講給鍾德英聽，美國中央情報局以「西方公司」名義，超大型運輸機運載U-2飛機降落桃園基地，台灣從此正式成立空軍第卅五獨立中隊。

而U-2機上的照相鏡頭如同貓眼，隱密不易被發現，飛行員在七萬呎高空出生入死，為美國執行大陸情蒐與偵照任務。「漆成黑色的飛機，則像隻蝙蝠暗夜

忠烈祠獻上花束，黃菊是別離，百合是重聚。

裡振翅飛進大陸領空，使風雨飄搖中的台灣突破重重難關。」

樹林頭女眷約略知道這一段不幸，李澤林黑蝙蝠墜落，猶念著自己的國，自己的家，還有自己的妻與女，然而，一九六〇年三月二十五日卻成為全家思念的新密碼。

每年忌日到忠烈祠獻上花束，黃菊是別離，百合是重聚。想著往昔，淚無法抑止的滴在花朵上。

無心插柳，房子美侖美奐

天未必永遠蔚藍，雲裡霧裡，愁雲慘霧。鍾德英思考著，撫卹金雖然即時讓一大六小經濟得以安頓，只是，左鄰右舍普遍窮苦，缺米少油就來借錢，「長久下來，也真害怕自己心軟，儲蓄難保，要想辦法保住才能養家活口。」未來還有那麼長，小女兒才剛剛會走路，往後要讀書，還要

新竹的老家已成觀光景點。

完成丈夫送孩子留學遺願，培養她們成為社會有用的人。

「並不希望被回憶阻我前行，反而要帶著先生過去的願望，把孩子送出國看世界。」誰也不擅長道別，未來卻只能獨自一個婦人家決定。

必須搬出樹林頭眷村，這是深思熟慮的第一步。

只因「窈窕淑女，君子好求」，總有不良少年要來李家找漂亮的六朵花約會，怎麼辦？左思右想後，鍾德英決定搬出眷村到外面租房。

鍾德英因到教會學英文而認識許多專業人士，獲得許多中肯的建議，始料未及的因此她扭轉了命運。「撫卹金本來要存銀行生利息，但是我看中一片稻田有三百坪，決定全部買下來。」無心插柳下，買地蓋房保住錢財，房子蓋得美侖美奐像歐式莊園，許多新竹在地「好野人」驚豔而來買房購屋，於是蓋了賣，再蓋再賣，如此鍾德英意外成了富媽媽。

「我媽胡搞瞎搞，其實根本也不懂。」李花崗認為是天公疼好人，讓孤兒寡母擺脫單親悲情。

購地蓋屋意外得到肯定，換來優於鄰里的經濟穩定之外，鍾德英揮灑的不僅是空間設計的天賦，還有對鄰里的無盡慈愛關注，新竹樹林頭眷村周邊的多條寬闊馬路，都有她出錢出力的痕跡。

虎媽母代父職，也累積無助

在六千金心目中，鍾德英是超兇的虎媽，「小時候如果媽媽牽我們的手，我們都樂壞了。」但嚴厲的面目下其實脆弱難當，李花崗萬分心疼的說，空難後許多年，媽媽依然走不出傷痛，總以灰色旗袍的暗沉表達暗淡的心。

既是堅韌，也是責任，更可能是倔強，鍾德英母代父職，多數時候穩定。直到有一年過年，累積太多的無助排山倒海而來。那

天上的父親應該很安慰吧，女兒都爭氣的完成父願。

天，她叫大女兒來幫忙扣扣子，笨手笨腳的扣不好，她不禁悲從中來，「別人家高高興興在過年，我們在幹什麼？連個做事的人都沒有！」母女相擁而泣，頓時哭成一團。

又有一次，鍾德英為老二買來一雙新鞋，老二居然調皮脫了鞋去爬樹，下樹後，皮鞋不翼而飛。這樣的粗心犯錯，媽媽的棍子必需揮落下去，還賞罰分明「連坐」，姊妹們陪罰，讓單親媽媽的嚴格深深落印在孩子心頭。

那段時間，李家哭泣聲不停歇：「爸爸為什麼不來接我？」老四脾氣變得古怪，老三李花崗則堅持摘下膀臂黑紗，因為她不相信爸爸不再回家，也絕不接受爸爸燦爛的笑容就此消失的事實。八歲的她，要去找爸爸，搭飛機去首爾找，她覺得可以找到，一直找到長大為止！

祝妳平安，我的乖女兒

也許天生樂觀，更也許因為非隱藏淚水不可，在孩子眼裡，鍾德英的魔手揮出魔法棒後，單親的悲情頓時化為優雅的外在與良善的內涵，交織出特有的言教身教。「媽媽做得好裁縫，簡單的布料一上手就巧奪天工，她不但教給我們女兒穿衣打扮的美學素養，關於品格教養，媽媽的愛更延伸到年已百歲也綿長不盡。」

李花崗很感謝媽媽從小分配她們姊妹做家務，這個擦地，那個整理花園，各司其職下養成井然有序的好習慣。結婚成家在外，也會在每天早晨慣常的溫馨問安中，聲聲重複著媽媽教給自己的祝福。

「媽媽愛看書，每期的傳記文學都看。」李花崗佩服媽媽的好學，即便到現在已百歲，還是以微弱的視力翻看舊雜誌。頁面已泛黃，書中人物全已去了天家，媽媽還是爬梳著文字，摸索著回味。

李花崗只要聽到媽媽一聲「祝妳平安，我

六個女兒外貌優雅，學有專攻。

的乖女兒」，就覺得沒有什麼艱難的坎跨不過去的。那是穩定的力量，也是下一代為人處世最豐足的精神資產。有天，李花崗聽到小兒子說，「我以後也要對孩子好，像奶奶對我們一樣。」頓時感動得眼淚都快要掉下來。「我媽媽以平淡養心，真誠待友為身教，教育我們善良積德，知足長壽。」

「同一時代，同個型態，隔著黑水溝，南柯一夢。」以愛傳家的鍾德英和李花崗母女兩代，仰天向天上的空軍英雄李澤林說，「您安心，我們做到了。」

鍾德英・李花岡 小檔案

一九二三年生，廣東順德人，師範畢業，育有六女，夫君李澤林一九二二年生，四川合江人，畢業於航空學校。黑蝙蝠隊員，於一九六〇年三月二十五日為國犧牲。三女李花崗一九五二年生，台灣新竹人，世新大學畢，中視製作人，聯合國國際家庭年「台灣戲家-明華園」節目製作，獲坎城頒發最佳節目製作獎。

盛年不重來，歲月不待人

趙莎

「京華煙雲」的老夫人就是趙莎，少女時代活潑好動加入康樂隊，從山東遷到台灣後，空軍夫婿不幸為國捐軀。她帶著兒女北漂找空軍總部覓得一屋棲身，再走進電視台演戲，既圓了夢，也養了家，在世間瀟灑走一回。

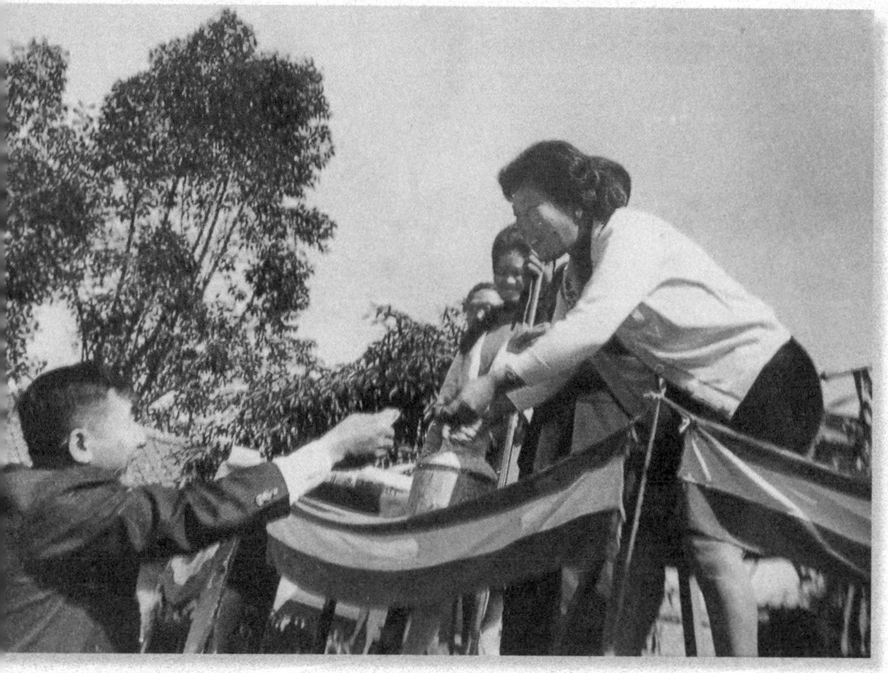

一步一天涯，曲曲折折走向人生路。

趙莎九十四歲了，神清氣爽地以盛裝迎接每個當下，受訪這一天更慎重的穿金戴銀，金項鍊沉甸甸的垂在胸前，銀耳環也顯眼的搖來晃去，臉上雖抹了厚粉蓋住歲月斑痕，猶見往昔辣妹之味。

從少女期就超級愛漂亮，到現在有增無減，滿櫥子「京華煙雲」的戲服華衫，告知著趙莎家境的優渥及曾經的舞台燦爛。

勇闖異鄉，不可思議的牽引

踏出了故鄉，勇闖異鄉。多少遇合，有某種不可思議的牽引。趙莎一九一二年出生山東，初中還沒畢業就流連父親開設的酒吧和理容院，見多識廣又活潑討喜，舞跳得極好，突顯那凹凸有致的火辣身段。

爸爸卻憂心這野丫頭日子太混，這樣混下去也不是辦法，於是約束她去造船廠當接線生。那年十五歲，芳華正茂，這個工作很快就感到單調無趣又乏味，哪肯乖乖就範？趙莎正想辦法往外找樂子，看到造船廠同事下班演戲自娛，扮演著小小世界所體會的各種角色。

她興味爆發的湊上一角，閒置的廠房竟成為戲劇萌芽之地。演技日豐而跟著同事報考國軍文宣隊員，未料舞台還沒搭起，人還沒粉墨登場，卻因全民抗日而意外扛起槍枝上戰場成為菜鳥女兵，在轟隆砲火聲中嚇得花容失色。

那是一九四八年，戰事吃緊，趙莎一心報國殺敵，卻因女兒身而苦於戰技不足，「背帶揹在背上，勒得很緊，一不小心，腳後跟就被打到，很痛。」一路走，一路戰，高射砲與地雷打得不可開交，駐防在山東濰坊最為驚恐，砲彈如雨落下，趙莎滿腦子想，萬一炸到房子怎麼辦？人被打到怎麼辦？女兵有四個，只好貼著牆壁自保，整整一個月蹲在牆角睡覺，「打完了還是在害怕，哭的哭，鬧的鬧，嚇得破膽。隊長只好把我們解散了。」

一見鍾情，卻在空炸演習中罹難

解散後離開部隊，青島已經全面淪陷有家歸不得，四處流離討生活的趙莎等到抗日戰爭結束，好不容易喘口氣想回家，一九四九年國共內戰砲火又再度猛烈來襲，兵慌馬亂中，趙莎搭船逃難來到台灣，經過廈門鼓浪嶼在恆春上岸，前途依然茫茫，也不知自己究竟能做什麼。

天不絕苦女之路，趙莎看到屏東大武營傘兵招考康樂人員，這個正中下懷，既滿足演戲興趣又有收入，於是她再度入伍，進到傘兵總隊話劇團。個頭嬌小活潑有人緣，很快融入寶島的新鮮生活，烽火記憶逐漸淡遠。

舞會增添歡樂，暫時忘掉戰亂的驚恐，一位長官夫人作媒介紹了屏東基地飛官王易斌，「這小夥子挺不錯，還是空軍，當時空軍很神氣的。」

兩人一見鍾情，婚後生下一對兒女，正享受著平穩而甜蜜的家庭生活，未料五年後，先生王易斌卻在一場空炸演習中罹難。「左營上空，兩架飛機擦撞。」一九五五年四月二十二日，因地面通訊的失誤，讓趙莎二十六歲頓成寡婦。

在戰爭中旋轉分散，又在戰地重逢。

收到噩耗，昏厥過去，醒來就要面對照顧遺孤的現實。趙莎說，撫恤金不夠用，只好在一九五七年收起眼淚帶著孩子北漂謀生找棲身之處，若非走投無路，也不敢豁出去而直接去空軍總部求見總司令王叔銘，「我先生開飛機出事，我還帶著孩子。」趙莎一再懇求，「求您給我一個房子，讓我把孩子養大吧！不然，怎麼辦？」

熱愛演戲，有可觀的成績

萬物艱難，外號王老虎的王叔銘原先推說沒辦法，不想趙莎噗通一聲跪了下來，「我家都沒了，求您給我們一條生路。」這一跪，終於跪出了她和一雙兒女的安身之處，兒子王匡一事後還取笑媽媽說，「這是我媽最厲害的一招。」

兒子從小跟著趙莎跑碼頭演戲，非常孝順貼心。「有一次，我飾演一個共產黨員，在舞臺上被綁起來，還挨打，」結果，七歲的王匡一很緊張，拚命在台下大喊，不要打我媽媽，不要打我媽媽！全場都爆笑起來。

「那時候就是為了賺錢沒辦法。」只要有戲可接，從不計較酬勞，幾句台詞也敬業的演到最好，她內心想的是，「能養大孩子就行」。

趙莎感覺最爽的是演「京華煙雲」裡的老奶奶，錢多事少，才三句台詞就輕鬆拿到五千元戲酬，錢進袋時，她感覺自己對演戲這件事，也是有可觀的成績，滋生可向父母交代的成就感。

就在趙莎一家人住進光復東村的安身之所後，她重操舊業，再度加入空軍大鵬話劇隊，開始到全省各地勞軍巡演，最常去的就是金門馬祖前線，女兒麻煩鄰居照顧，她就帶著兒子南奔北跑，這樣奔波的流動生活，直到兒女成年，各自婚嫁。

眷村媽媽養育下一代，親切樸實。

人生輾轉，與有緣人再相遇

記得在那朝夕難分的拍戲時節，王匡一每每接到媽媽三更半夜收工的電話，他就會去門口等計程車開過來，從一樓扶著媽媽上三樓，脫鞋換衣，「疲倦至極的媽媽，經常倒頭就呼呼大睡。」王匡一說，以前媽媽抱自己，現在換自己扶媽媽。

還有一年冬天，母子跟著劇團坐卡車，風灌進來太冷，王匡一不禁喊著，「媽媽，媽媽，好冷喔！」趙莎就用軍大衣裹起孩子，抱在懷裡，築起四處跑場的溫暖。回憶起這段恩情，既是遷台後的永恆，也是母子都非常珍惜的曾經。

此後人生輾轉，與有緣人再相遇。一九六二年，趙莎再

踏出了故鄉，多少遇合，有某種不可思議的牽引。

人生幾回幾回輾轉，與有緣人再相遇。

婚，嫁給警備總部的陳統，也從話劇演員升級到電視台演戲，更因為信奉敬業樂群的「綠葉哲學」，反而成為接戲不斷的長青樹。無論角色大小都來者不拒，總算改善了經濟環境，在和平東路購入了新房。

兩岸阻隔，親情如何才能彌補？

一九八八年，趙莎帶上三大件五小件踏向返鄉探親之路，一路回憶著山東老家那曾有的港邊碼頭繁華。落地先找父母葬身之墳。「千里孤墳，無處話淒涼。」蘇東坡的詩句刺痛一個離家女兒的心。趙莎說，當年隨軍來台，是因砲火在身後隆隆作響，阻隔了家鄉與戰地的交通，資訊也斷了，書信無法往返，命運帶著自己孤身踏上島嶼，再回到山東尋親，匆匆四十年已彈指消逝。

物是人非，再返故鄉尋回昔日情懷。

「做兒女的沒看到父母，當然極為傷心，」當年下葬，連葬墳都沒有，好不容易找到墓碑後，放聲大哭，哭到斷腸止不住，「跪下來磕頭，恨不得撞過去。」趙莎墳前哭喊，父母把自己養那麼大，卻沒能盡到孝道。兩岸阻隔的親情，究竟怎麼樣才能彌補？

家鄉只剩妹妹一人，不勝唏噓話當年，姊妹倆在回憶中，再活一次，多希望投進媽媽懷裡再撒嬌。

如今，兒子一路陪著趙莎，「媽媽陪我小，我陪她老。」王匡一推輪椅的手停下來，擦著眼淚，想起媽媽如何在最艱難的時候護衛著自己，總是淚流滿面。

人生就像戲劇般跌宕起伏。

出生落地，都是相親相愛好姊妹。

奔逃台灣，無親可恃，無墓可掃，也無家可歸，更無根可依。戰爭與對立，荒謬地撕裂親情，思鄉思親數十年的浪跡天涯，渴望再回故土。

儘管並沒有功成名就，歷經戰亂逃難、喪夫又辛苦將兒女帶大的趙莎，感謝自己的人生就像戲劇般跌宕起伏，至少，她「瀟灑走一回」，並盡興的圓了少女期就追尋的舞台燦麗，安然無悔。

趙莎 小檔案

一九一二年出生山東，報考國軍文宣隊員卻因全民抗日而意外扛起槍枝上戰場成為菜鳥女兵。

逃難來台灣進到傘兵總隊話劇團，先生王易斌在一場空炸演習中罹難，一九六二年再婚，從話劇演員升級到電視台演戲，信奉「綠葉哲學」，反而成為接戲不斷的長青樹。

一九八八年，趙莎帶上三大件五小件返鄉探親。

在豆蔻年華，遠方飄起烽煙

盧雪芳

未受過正規教育，連簽名都有困難的眷村媽媽，卻親筆寫下三十萬字的回憶錄巨著，描述八年抗戰逃難的悲歡離合，文字娟秀，文筆優雅。千金小姐豆蔻年華時節因戰爭而落難，以書寫療癒，攔截如夢的記憶。

自認寒門孤女，對守護的家庭使命甘之若飴。

時間無聲流過，留下來的是記憶，模糊而漸遠的是遺忘，而書寫可以攔截記憶，把過往安放在時代洪流中，盧雪芳正是這個高齡攔截者。

童年生活考究優渥又受寵，父母給予盧雪芳的愛有別於尋常人家，隔離了世間詭譎多變。未料到了十三歲，竟難以躲過現實試煉，隨著戰爭而逃難，抗戰八年，就逃了八年，面對無情炮火，以鋼鐵意志奔向前方。

從富家千金變落難孤女

所幸，曾經擁有的萬般疼惜與寵愛，支撐她往後在艱困中不被輕易打倒，奮力走出一方天地的以七十六高齡提筆寫回憶錄，一字一句刻畫歲月悲歡，文字工整，文辭通順，「我像一片浮萍，躲在萍群之中，也還安靜；突然之間，狂風暴雨又來臨，冷酷無情，打散了這一大片寧靜的浮萍，我便又成了孤零一片，在水面上浮浮沉沉，東南西北自無主，只好隨著風波亂飄零，不知何處才能停泊安身？」

疏理著往事，時光緩慢了腳步。《烽煙荳蔻》歷時五年，《烽火重生》提筆三年，厚厚的三大疊原稿超過三十萬字，書寫著荳蔻之齡一夕之間從富家千金變成落難孤女，青春年華盡毀於漫天烽火的往事，先生細心將愛妻文稿裝訂成冊，封套大大寫上「雪芳成績單」視若傳家珍寶。

成績單的主題在烽火，起於一九三七年七月七日蘆溝橋事變。中日戰爭開打，十三歲女孩哪能瞭解戰爭的可怕，倒是安徽無為老家的媽媽已預見日本人必然無情蹂躪，舉家從安徽逃到湖南、再到廣西，一路上盧雪芳被哥哥牽著走，「每天走十幾里，不得已的拼命往安全的地方逃，」暫住過孤兒院，也因老百姓收容有了臨時棲身之所，遇上火車翻覆意外、死裡逃生，印象最深刻而常夜裡惡夢中驚醒的，是一九四四年在廣西六寨鎮的美機誤炸事件。

此生坎坷，唯有以勇敢面對

一個情報的誤判，不幸造成無數冤魂客死異鄉，「流浪在街頭的外婆看到盟軍來丟傳單，不以為意，沒想到它再轉回來，竟然開始丟炸彈！」盧雪芳形容給女兒賴敏容聽，剎那間，只聽到轟的一聲巨響，「人肉和馬肉都混在一起，已無法分辨……」

這個驚悚的煉獄，讓一個原本哭哭啼啼的懵懂千金頓時領悟，往後要認命走遍大半個中國，再苦再難都要拚著命活下來，勞筋骨，苦心志，所有的坎坷唯有以勇敢面對。活著，有時絕望無比，會痛苦難耐，會飽受憂愁的折磨。

但戰爭過去之後，仍然很清楚地體認到，好好活著就是最了不起的事。

逃難漫漫無盡期，盧雪芳聽到一首抗戰歌曲歌，「今夜又是好月亮，照在地上白如霜，可惜不在柳樹下，我獨自站在馬路旁……」老後轉唱這首無煙硝卻哀傷的歌，讓女兒常聽得入神。

幾番周折讀到難民學校，蔣夫人看盧雪芳又乾又瘦，就憐惜的摸摸她的頭問，小妹妹幾歲，還留下照片。「我媽總說，我的頭是被總統夫人摸過的喔。」

昨日流光已成過往，容許依戀。

八年流離，與國軍軍官譜戀曲

八年流離而無家可歸，與國軍軍官賴鳳鳴在戰地譜出戀曲後，打造一個新家也歷經一波三折，盧雪芳生前曾描述待嫁女兒心：「我傻傻坐在一旁，置身事外地看著他們張羅著一場婚禮，那場面好像是在十八世紀中進行般荒謬，真希望時間能快點過去……。」

沒有洞房，也無婚戒，在朋友家裡辦了克難婚禮，還來不及體認什麼叫家庭幸福，婚後立刻進入擔心另一半生死難料的驚恐期，逃難到浙江，日子更加艱難，因女兒賴敏容意外失蹤，賴鳳鳴還曾借酒澆

問我來自何方？開枝散葉，懷著傳承的希望。

愁，連酒精都往口裡直接倒下去。

歲月無情，多情的筆化爲繞指柔

國共內戰越演越烈，夫妻帶著女兒再度遷徙四方，丈夫在前線打仗，盧雪芳就揹著孩子在後方移動，從重慶、南京、安徽又到了山東，子彈滿天飛，砲聲震耳欲聾，「我媽一天要揹著我、走幾十公里的路，我爸則是扛起行李去打仗，到後來乾脆把我揹在背上上戰場，躲子彈的時候還不能趴著，是側倒，因為怕我被子彈打到。」自幼聽著母親口若懸河講述老家的鄉野傳奇，賴敏容轉述說，平潭戰役失敗，舉家遷台住進宜蘭岳飛新村，工兵蓋的簡陋房子屋頂相通，男主人下班回家，家家戶戶都聞聲知曉，探出頭來打招呼。

永遠是那些逝去的時光悠悠如夢。直到韶光遠去，才回望那一刻。驚覺兩岸已阻礙似海的親情，遷移寶島，雖然總算迎來太平歲月，那太濃烈的無常磨難、烽火記憶即使想忘，卻也忘不掉，隨著歲月甚至更清晰，賴敏容有一天看到盧雪芳練字，乾脆鼓勵媽媽慢慢寫，寫下過往傷痛，也是療癒。

盧雪芳心動也行動，只是，從沒有正規受過教育，《三字經》與《百家姓》只在家中間讀，雖然短期上過難民學校，但平常看看小說很少寫字，連書信都要孩子代筆。

直到有一天，參加同鄉告別式要簽名，因為太久沒有拿筆，盧雪芳竟然連自己的名字都快不會簽了，這一驚非同小可，於是下決心練字。剛好被賴敏容「逮個正著」，央求老媽媽把自己精采的故事完整的寫下來。

望著老伴，是真真切切貼在心口上的幸福。

照亮遊子回家的路，同然一夢，歲月浮光。

絕佳的記性及毅力，不斷書寫

歲月雖不留情，但多情的筆可以化為繞指柔，這本蘭陽文學叢書，下筆的第一天是「一百年八月二十日」，每天寫一點，慢慢寫，隻身在書桌與燈光的陪伴下，不停地動筆寫了八年，像是歷經八年抗戰。「我們全家大小總動員，幫助媽媽認字、習字與練字。」

連遠在美國的兒子都在長途電話中當國文小老師，而女兒更是隨時加油打氣做啦啦隊，「寫下逃難的事情讓後代記住歷史，寫錯字也沒關係。」還到處去宣傳，逼得盧雪芳因親友關切不得不硬著頭皮繼續寫下去，她開玩笑說：「這一定是敏容的陰謀！」

執筆寫到第二本《烽火重生》時，已八十多歲，左眼因為視網膜剝離失明，右眼近視一千多度，加上散光，看東西相當吃力，為求字跡工整，趴在書桌上「刻字」，靠著她絕佳的記性及毅力，持續不

一步一步順著時光，也就走到了暮年。

斷地寫，終究將腦中盤旋的畫面都化為文字。

看到盧雪芳如此奮力不懈的人，都不禁以一聲「哇！」向銀髮作家致敬。外曾孫女柔柔小時候常纏著太婆說故事，「太婆好厲害！」《烽煙荳蔻》詳讀了七遍，長大後填詞譜曲寫下主題歌，「在豆蔻年華，遠方飄起烽煙，四散逃跑呀，家人在那？」聲聲都是時代的悲鳴，淚光閃閃，老人與小孩，都懂。

盧雪芳 小檔案

一九二五年出生於安徽無為縣，十三歲開始逃難，與賴成婚遷往台灣宜蘭岳飛新村，七十六歲寫回憶錄，完成《烽煙荳蔻》、《烽火重生》，讓更多人記得國共內戰與逃難到台灣的過程，歷史不留白。

輯四

老兵的鄉愁

滄海一聲笑，滔滔兩岸潮

萬永順

生死離苦，萬永順活得通透，信手拈來都是哲理。戰爭靠天時地利運氣，枕戈待旦的但全副武裝，衝鋒槍子彈打完，敵人衝進碉堡再拚刺刀，甚至兩軍交鋒時，戰車因天色漆黑，分不出敵我，誤傷不少自己人。

古寧頭戰役回台後，歡送同袍錄取空軍機校的留影紀念，萬永順後來也順利考取政戰學校。

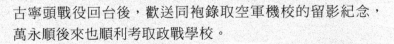

「你看那民族英雄謝團長……，你看那八百壯士孤軍奮守東戰場……。」這首軍歌在台灣耳熟能詳，萬永順經歷過同樣的孤軍奮守戰場，也高聲唱得宏亮，只是戰場換到金門古寧頭。未見蒼蒼白髮，面色紅潤的百歲老兵操著濃重湖北口音，以瞄準射擊姿勢，比手畫腳、口沫橫飛地講述生死一瞬間，「屍橫遍野、血流成河……雙眼已閉，頭殼掀開，手還扣著扳機，槍還架在戰壕上瞄準，腦漿灑得滿地都是。」

說到腦蓋掀開的可怖情節，渾身發熱，順手把繡有青天白日滿地紅的鴨舌帽脫了，扔在一邊。

沙場老兵的征戰故事

「頭是被砲彈削掉的，」滿屋子人聚精會神靜聽沙場老兵的征戰奇聞。彷彿自帶鎂光燈，時不時夾槍帶棍的「他媽的……」三字經語助詞習慣從口中溜出來，被砲彈炸飛的土塊噴得滿頭滿臉，一甩頭、一呼吸，「噢！我還活著，我沒被炸死！」

從軍環境險惡，吃不飽又隨時可能送命，也因此發誓回台灣後想盡辦法退伍脫下軍服，「軍醫院視力驗查，我故意裝作兩眼看不清的手勢亂比，其實我看得到，我是裝的，他媽的，實在是不想再當兵了。」裝病又裝瞎的生動敘述，活像說書人上身，連萬遠揚、萬遠邦幾位子女都驚異稱奇：「老爹口才很好，他很會講。」

回憶慘烈戰爭，生死存亡只在一線間。當時部隊需要多少兵，就直接到民間去抓兵。萬永順十三歲，年紀太小還沒看清世界，只因走在路上就莫名其妙被抓，連回一趟家跪別雙親，將上戰場護國愛鄉的告別話都來不及說，小小身軀被迫跟著部隊走南闖北，直到髮蒼背駝，斷層了一生。

「抓到以後用繩子綁起來，怕我們跑掉。」一九三二年出生的萬永順湖北師範唸到最後一個學期，隔天就要繳學費了，大哥卻往家裡空米缸一比，讓萬永順知道沒有錢萬事不能，急得快哭也只能抹掉眼淚，向現實低頭而投奔國軍，期待一年半退伍後可享公費讀書的種種優待，再補償失學的失落。

儘管保長哥哥稍有地方勢力，能夠讓他倖免於被抓兵的窘境；但也許免費升學具有誘因，更也許是因為家貧而負氣，萬永順終究被半哄半騙地加入了青年軍。臨行前，父親眼淚直流，反倒是母親沒說什麼話顯得鎮定，兩位老人家雖無言的加重孩子的不孝罪惡感，但是，戰火已燒到家鄉，誰都無法置身事外。只能對雙親一再安慰：「就當兒子去留學，去個一年半載，很快就回來了。」順長江而下，隨國軍前往上海再轉進台灣，一晃就將近四十年，卻再也不曾回過家鄉，就此與親人永別。

吃白菜心，打青年軍

船行千里，一路都是戰後殘骸，部隊基隆港下船，搭了一整天的運煤火車，沒座位、沒飯吃而投奔高雄鳳山衛武營名將孫立人。萬永順對孫立人印象清晰，穿著高筒馬靴、人高馬大，部屬向他一一報告重慶與宜昌招募青年兵情況，孫當時問：「我怎麼都不知道。」

萬永順頓時心裡犯嘀咕，「我們是誰招募來台灣的，怎都不知道？」隨即，新兵訓練如火如荼地展開，嚴格規定伏地挺身幾下、單槓幾個、手榴彈投幾公尺；五百公尺障礙超越、爬竿、板牆、壕溝、獨木橋等項目從早到晚被操，若沒達標，休息時間繼續魔鬼訓練。「他媽的，我當兵很吃虧，人家爬一二三就爬上去，我矮小，爬兩個腳要蹬好幾秒，才上得去。」講到這裡，三字經又衝口而出。

時空跨過談話而還原舊貌，萬永順印象最深刻的是，抱著槍從碎石山坡上滾下來的「滾石天堂路」，緊接著在被太陽曬得發燙的水泥地上集合，「值星官一個口令『坐下』，他媽的跳起來、槍抱著、兩腳一盤、凌空坐下……噢，地下好燙！這個當兵很苦啊！」萬永順比手畫腳說著。

一九四九年三月，剛從上海撤退來台灣的青年軍九月就開拔上金門戰場，前後不過半年，訓練無素。萬永順從俘虜兵口中得知，原本解放軍從浙江廈門一路打來所向披靡，認定青年軍只是一幫沒打過仗、沒有經驗的

時空跨過談話而還原舊貌，與同袍感情如家人。

「娃娃兵」，很容易攻克，預計搶灘登陸後，打下太武山，居高臨下，等同箝制整個金門。「解放軍的順口溜是『吃菜要吃白菜心，打仗要打青年軍』。」

裝病求退役，勿忘親兄弟

沒想到，「打勝仗靠天時地利和運氣。」萬永順分析，當天若不是吹起怪風，把預計要在嚨口登陸的共軍船隻吹到古寧頭擱淺，船回不去，延誤後續運兵計劃，讓第二、三批共軍無法增援，否則恐怕共軍用上人海戰術，勝負難料。

「連晚上睡覺都全副武裝的打緊綁腿、穿鞋子，腰裡掛著刺刀和圍上子彈袋、手榴彈，槍抱在懷裡。」戰事煎熬，戰況慘烈，萬永順形容，班兵死後還維持射擊姿勢，腦漿流了滿地；衝鋒槍子彈打完，敵人衝進碉堡拚刺刀，眼見同袍被戳倒搶救不及，男子漢也不禁掉下男兒淚。

清理戰場時，大量屍體浮腫變形，發出陣陣惡臭。甚至，兩軍交鋒時，己方戰車因天色漆黑，分不出是敵是我，瞬間失去性命。「砲彈落在前後左右爆炸，砂土、泥水濺了一身，一吸一呼，頭擺一擺，噢！我還活著、還沒炸死！」親身經歷戰爭的極度恐懼，萬永順不斷唸著「信生必不生，信死必不死」的箴言來安定自我。「回來台灣以後，我就想盡辦法說，我再也不要當兵了。」

萬永順下定決心發揮演技去醫院拿檢查報告來裝病，視力檢查特別亂來，缺口在右就比左，缺口在左就比右，假裝自己什麼都看不見，惹得護士七竅生煙，「大夫，我兩個眼都〇．一都快瞎掉了，您總要給個意見吧！」經過一番折騰，他被判定為「列報重機障」，意思就是不適合派遣第一線作戰，如願從野戰部隊成功調到東勢醫院後勤單位。

雖提前退出戰線，「萬分痛心的，好多同袍在金門戰役被犧牲掉了。」往後古寧頭大捷紀念餐會，萬永順年年擔任總召，老戰友們婚喪喜慶互通往來，彼此聯繫得十分熱絡，「宴席間敬酒、笑聲不斷，好像一家親，完全是天倫的感覺。」雖然老兵年年凋零，所幸眷屬都會攜兒帶孫補位參加。「有個太太說，你們這夥人，將近有七十年同生共死，在金門打過仗，在台灣也通通在一起，就算親生的兄弟也比不上你們的感情，但是有人先走了，你們不要忘記還有我們喔！」金門戰役已結束，團聚卻讓戰士組成情同手足的溫暖大家庭。

生離小菜一碟，死別終成過往

轉往後勤後，萬永順在東勢一家英文補習班學英文，認識了日後相伴一生的妻子葉阿雙。記得是補習班結業那一天，口才便給而被推舉上台致答詞，台下的葉小姐覺得他台風穩健，講得很好，藉機開口要講稿，「他媽的，隨便講幾句，感謝老師什麼的，講幾句好聽的話，哪有什麼講稿。」連追老婆都不離三字經，就這樣開啟了相識的契機，經過四年交往，萬永順向未來的岳母提親。

岳家其實反對：第一，當兵的將來要去打仗很危險；第二，沒有客家人嫁過阿兵哥。萬永順卻條理分明回答：第一，我已經當官，將來打仗，兵在前、我在後，我比他們安全；第二，妳女兒這次嫁我，以後你們客家人就會嫁給軍人了。「反正岳母講一項，我駁一項，講不過我，就不跟我講，跑去煮飯了，不答應也不行，就結婚了。」他賊笑說，感情歸宿幾經波折與修煉，婚後安於造化與聚散，生下兩子兩女，一家六口定居陸光七村。

「哪家有急事、哪家孩子生病，太太們都當自己家來處理，跟個大家庭一樣，真好。」後來，萬永順轉調軍訓教官，任職台中女中八年、台中一中三年、台中商專六年後退役，「教官規律上下班，沒有在部隊裡那麼辛苦，工作得好痛快，都不想退休了。」也許耳濡目染，當初最不愛打仗的萬永順，沒想到養出一批最愛當兵的子女，個個都是職業軍人。

翻開家庭相簿，萬永順笑呵呵地解說後，也默默擦著眼淚，笑中帶淚的仔細辨認照片人物而喃喃自語說，好多人作古了，手指著老婆，她走了，他也走了，一一點名……么女萬艷芳則安慰著經歷大風大浪的老爸，「老薑一枚，打過國共戰爭，沒死，所以，生離小菜一碟，如果真死了，死別又成過往。」

翻出一張愛國獎券和在獎券行前全家福大合照，「這萬萬獎券行是我開的，這是我大兒子結婚照。」照片足以瀏覽了一生，問他回不去大陸有什麼感覺？他總是不假思索硬氣地回答：「那也沒有感覺。他媽的十幾歲來台灣，待了那麼久，回也回不去」、「回不去就隨遇而安」、「反正離開父母那麼久也習慣了，就待在部隊裏面」、「想回去，我說實在話，以前是有，以後也沒有了」、「精神都在台灣的孩子跟老婆身上啦！」

話是這樣說，但一九八七年開放後，萬永順立即整裝往湖北家鄉找親人，「嫂子

萬永順為大兒子辦婚禮，在自家開設的萬萬獎券行前歡喜同框。

回鄉探望親人，右二為萬永順，右一為姊姊長子；左一為哥哥次子，左二為哥哥長子。

跟我講，我媽媽臨終前還大聲喊我的小名，叫土，很土氣的土，為什麼叫土？說我因未小時候很不好養，拜土地公做乾爹，就叫土。」媽媽臨終前還在問，土回來了沒有？嫂子附耳跟她說，快回來了……她就安心斷氣了。

見一回，少一回

思念如泉湧，四處竄出，好像初春那陣風，拂過兒時曾經共處的每個瞬間。讓萬永順一而再，再而三回返故園尋找家園記憶，第四次是在二〇一八年，召集全家人馬一起往對岸飛。單薄的萬家人丁，因親哥哥過世，就剩哥哥的兒子，獨個迎接「浩浩蕩蕩」探親團。

哥哥的兒子，萬永順么女萬艷芳稱他「堂哥」，第一次相見時，相互靦腆著，但千言萬語都在那渴慕親情的眼神裡，只聽沉默寡言的堂哥低聲喃喃道，「多好，多了四個弟弟妹妹。」歲月的深紋彷彿車縫線，縫起親情的兩端，終究因移居天堂的家人越來越多，更添對望酸楚，「姊姊哥哥都面目全非，我十幾歲出來，哥哥才二十幾歲，到我回去自己已經五、六十歲，他已經快六、七十歲。「哥他在樓上、我在樓下，一對上眼，那個眼淚，自然地就直直滴，滴不停啊！」都重感情，卻始終壓抑著。

離鄉從軍一去不回，生死未卜，家鄉的大哥長年來背負著當年阻止么弟繼續讀書，從而導致萬永順負氣從軍的十字架，深深感到內疚與自責之外，爸媽還數次叨唸，「你難道，就捨不得弟弟唸個書嗎？」亂世從軍的萬永順，當初豈知會讓留在家鄉的家人被打為黑五類而歷經文革與勞改磨難？大哥模樣早已蒼老得像是老父。這場世紀團聚能消弭多年自責嗎？

「今天是人還活著，人回來了，假設今天人不見了呢……」萬永順的大哥，生前總是這般喃喃自語。

隨老爸回到湖北宜都老家上墳祭祖的萬艷芳忘不了，一行人走過長長的田埂，到達爺奶墓前，墳頭草長得老高，「老爸聲淚俱下，祭拜時，俯地的我，頭低到幾乎快吃草，突然，耳邊傳來淒厲又洪亮的哭聲，完全不顧他人在旁邊，哭天搶地的。家族裡輩分最大的只剩下老爸，是老爸在大哭。」

多了四個弟妹，酣暢淋漓的快意

萬艷芳瞭解老爸百感交集之下，自有一番實事求是的豁達，「其實話說回來，人上了天堂，老人家知道什麼，哪裡也不知道啊！」回鄉的畫面盤旋腦際，七十二歲的自己務農堂哥小爸爸十六歲，親人團聚後，激動萬分卻又沉默寡言，直到最後一天才開口輕聲說，很高興，多了四個弟弟妹妹。

這位堂哥國共內戰前，常被萬永順揹著去深山放牛，小可憐的兩個人，整日高唱山歌，卻不知深山外已風雲變色。「兩岸開放，我爸四度回鄉探親，伯父姑姑相繼離世後，堂哥成了我爸唯一連結記憶的線頭。」萬艷芳回憶，萬家家族人丁單薄，等了七十年老小才終於到齊，最不捨就是離別時刻，但總會到來。

堂哥貼窗道別，因為年紀差距，萬艷芳叫了他哥哥之後，始終沒勇氣越過熟悉的陌生，但隔著一層玻璃，檢視彼此的五官痕跡，找到了家族歷史的通關密碼而不捨。擔心的道別終於來了。「堂哥眼眶泛紅，逐漸轉濕，接著把雙手伸進車內，用很大的力氣握住我爸的手，然後嘴唇不斷抽搐抖動，」不擅言詞的老人，如同壓力鍋咻咻，好像隨時要炸了。

萬永順果決大手一揮，也用很大的力氣推走堂哥，沒手帕的堂哥橫跨馬路時，不停用手掌擦拭眼角。一個七十多的老人面對更老的親人，在大街上哭了起來，萬永順只喃喃說道：和小時候一樣，老哭……愛拽牛尾巴玩。「七十年前，我爸離家時堂哥還小，什麼也不懂；七十年後，懂了，卻是見一回少一回，」萬艷芳感慨萬千說，而我們下一代呢，與上一代的相處時間，何嘗不是這樣令人哀傷？

前半生打過古寧頭硬仗，面臨過生死關頭；後半生轉

古寧頭戰役 70 週年同鄉會，老戰友紀念合影。

調學校軍訓教官，頗適應平靜愉悅的校園生活。從顛簸趨於恬淡，天大的事在萬永順眼裡，哈哈一笑，似乎都成了丁點小事。如今兒孫滿堂，個個成材，隨手指點相片裡某某兒孫就讀國防大學，某某又在中研院任職，看得出來他對兒孫相當寬慰與放心。

回首苦樂參半、酣暢淋漓的快意人生，一路走來洋洋灑灑，淚中有笑。有意無意間，面對戰爭的殘酷、遷臺的磨難、生死的別離，萬永順活得明白、痛快、大氣，懂得用幽默自嘲將之轉化成一場玩笑。越是命運多舛、越是掙扎求存，萬永順越是懂得要笑，唯有笑了，命運才拿他沒轍，終究被他笑出一片天。開懷一笑，正所謂「豪情還賸了，一襟晚照」。

萬永順 小檔案

一九三二年出生於湖北，國共內戰前常揹堂哥在深山放牛，一九四九年從上海撤退來台灣進入青年軍，前半生打過古寧頭硬仗後，轉調軍訓教官在東勢學英文，認識客家妻子葉阿雙，開設萬萬獎券行。

視困難險惡爲進步勝利的階梯

劉哲基

「你絕對不可以當兵。」媽媽含淚千叮萬嚀，「因為共產黨的人海戰術太厲害。」但是逃難到青島沒有飯吃，活命才可以盡孝，從軍是唯一的路。誰又會想到一個山東逃難來的軍人，會在台灣靠著麵包成名？

99 歲老兵當年英俊瀟灑，以風骨和優雅，微笑向前。

撥回歷史時鐘，遙念沙場同袍，戰爭的赤焰橫流，由老兵劉哲基口述而留下見證。年近百歲，經常來往美國與兒孫團聚的他活力充沛，老兵老闆創業成功——當兵九死一生，當老闆也險中求勝，靠的就是：「蔣委員長說，視困難險惡為進步勝利的階梯。」終身奉行不渝而完成百歲無悔。

江山易幟，劉哲基認定自己有責任加入入這《遷臺歷史記憶庫》口述歷史的回顧，將那個內憂外患，時局詭譎的年代記錄下來。

以從軍為榮，也以創業為志，他感謝上天眷顧，「我做事其實並沒有計劃，遇到困難，就想辦法戰勝困難，並且當成進步的階梯。」訪談這天，年近百歲高齡的老兵還特意穿上全副軍裝，操槍演練、舉手向長官「敬禮」。時光瞬間倒流，回到那十一歲從軍的幼年。

敵進我退，敵退我擾，正面不要打

烽火燃向大地，老百姓求個溫飽都困難重重，哪兒有生計與活路就往那投奔，莫說小孩前程如此茫茫，大人雖知一步路都不要走錯，但卻也無從得知，究竟哪條路才是正確的。

世界太亂了！劉哲基慨嘆，「我能活到現在真的不容易。」在對日抗戰前線的槍林彈雨中逃過數劫，好幾次，敵人的槍口都正面對著自己了，噠噠噠……。「子彈往我這裡掃射，但真是幸運，就是沒有被打到。」

鬼門關前數度徘迴，躲過戰火與重症的磨難，奇蹟般的好轉後，還變成長壽老人的劉哲基，一九二六年出生在山東高密，讀小學時親眼看到日本人殺進縣城，嚇破膽開始逃亡，「日本人來了，好兇呀，騎著高高的馬，沒辦法，從我家跑一百里路逃難，日本人從南方來，我就往北邊逃。」內憂外患，時局詭譎，何處才能安身立命？

戰火下，無法安心受教育，初中讀五年無法畢業，年方十八離家從軍，劉哲基

劉哲基政幹班受訓紀念，倒數第二排右往左數第二人為劉哲基。

加入戰爭的背景就是這樣，並不特別。

「你絕對不可以當兵。」母親曾經以淚眼千叮萬嚀，「共產黨的人海戰術太厲害，死了很多人。」媽媽的話要聽，但是逃難到青島沒有飯吃，必須活命才可以盡孝呀。戰場上，共產黨果然如母親說的那般可怕，所有的驚心動魄，都無法預期而逃躲，善良的鄉下人不聞世事，卻也知道「日本人特兇」，呼喊著，兒呀！別離家當兵。「好在我帶運，子彈沒打到我。」劉哲基笑了！

槍林彈雨就是全部的青春

「鬥志是抗日游擊挺進軍的精神」，戰術呢？「你聽著：敵進我退，敵退我擾，正面不要打。」劉哲基比劃著。

就這樣，打到一九四五年抗戰勝利，國軍早已元氣大傷，國共內戰爆發，接著面臨共產黨步步進逼，他因為饑餓而再次披上戰袍，到青島受訓，正式成為國軍。「我當兵的時候聽蔣公講，視困難險惡是進步的階梯。」將這句話帶到戰場，挺直脊梁迎戰外，而慈母的叮嚀，也同時敲打著離家遊子的心。「明知那黃泉難歸，我們仍在癡心等待，問雁兒，我的母親可有消息！」

烽火無情，開戰就瞬間籠罩在一片硝煙及烈焰中，砲火停止後，伴隨淒厲哀嚎，劉哲基百味雜陳說，猛烈的砲擊讓整個高地寸草不生，周遭一片死寂，瀰漫著風雨前的寧靜。而後，生命顯現許多無法解釋的謎團，「居然活下來了。」劉哲基說，國共內戰打得激烈，國軍在青島保衛戰中奮戰不屈，「但青島卻仍不幸失守，沒辦法，只好撤退，撤退前一天，我們還在打仗。」

鬼門關前再度徘迴

槍林彈雨中烙下青春，說起慘痛的往事歷歷，劉哲基眼都紅了。一九四九年六月二日，部隊從青島上船，航行五天抵達基隆港，原以為從此可以遠離戰爭展開新生活，才稍稍喘口氣一個禮拜，卻再次被派往海南島及廣州打仗，「水土不服，部隊死了很多人，」劉哲基擔任連長去增援，那一天，從黃埔下地跑步到佛山，突然聽到砰砰幾聲巨響，居然是國軍在炸海珠橋來堵住襲進的共產黨。

劉哲基記得，再回到海南島打仗那次，部隊被共產黨逼到海邊，大家人太多爭先恐後上船，不料船隻卻擱淺在海灘走不動，眼看就要沒命了。「回頭無岸，共產黨大炮又還在猛轟，結果萬萬沒想到，船因為被炮轟到震動，擺脫擱淺的動起來了，可以走了，反而因此救了大家的命，「要不然早被俘虜，今天沒辦法在這兒說話了。」回想此事，心頭不免泛起悲憫的漣漪，應了「大難不死必有後福」的老話。

撤退到台灣考上政戰班第二期，劉哲基成為蔣經國的學生，畢業後派往陸軍第六軍團擔任指導員。鬼門關前再度徘迴，是在二十五歲那年，染上肺結核，在醫

老戰士穿上軍服，不減當年英勇。

院躺了足足六年，躺得骨瘦如柴，醫生已宣布沒救，卻奇蹟好轉後，如今還變成了長壽老人。

「每天都在革命，每天都在克難，沒有吃的喝的，」在劉哲基看來，缺乏營養才會生病，早上跑步突然吐血，「現在講，肺結核就是絕症。」

死裡逃生，命不該絕

記憶深海撿拾著碎片，理解戰爭的恐怖，反省走過的歷程。初到台灣，劉哲基當上尉連長，歷經槍林彈雨都沒奪命，怎知走下了戰場卻患上肺結核，這個病在當時就是無藥可救，他無異被下了死亡判決書。

猶記太平間旁的重病房裡奄奄一息，只等著斷氣處理後事。他回憶說：「躺在病床苟延殘喘，束手就戮，真不如去戰場拼命。」越想

百歲老兵舉起機關槍，迎接抗戰勝利。

越悲哀，還偷偷積攢一瓶安眠藥想找個機會了卻殘生，「但又不甘心就此了斷，只想著要死，也得要殺了仇敵才划算。」

八十年前雖然醫術未賡，科技未開，「肺結核」這病聽來心驚，但「勝利的階梯」像一副定魂藥，讓他命不該絕的他在醫院整整躺了六年後，終於最後熬了過來。所謂「爭取最後的勝利」並不空洞，因自己親身經歷過，劉哲基就更覺得萬分有道理。

病後，一九五九年劉哲基決定提早以陸軍少校官階退役，脫下軍服時方才四十歲出頭，他認真又認命的搜盡枯腸找尋謀生之道，「流離失所的苦難好不容易被稀釋，只能奮勇向前。」正當壯年，要為社會再奉獻，退役不是退休。

靈機一動，取名「蘋果麵包」

「不當軍人後，要靠什麼謀生呢？我沒有路走，就只好做麵包，」一九六一年，加拿大傳教士富力農和駐台美軍做生意，推薦他學做麵包賣給駐台的美軍。卻因美軍醫生檢查未通過而致使代購生意變冷淡，還雪上加霜的遭遇周轉不當和美台斷交，向友人低頭借錢的日子真煎熬。自此也開展了自創麵包品牌的生意。

許多人直接叫劉哲基「劉麵包」，而那沒有蘋果的蘋果麵包也一直紅到現在。他說，原本想取名「麵包大王」來展現如虹氣勢，不料，這該名號已有人捷足先登，靈機一動，覺得當時的「蘋果西打」很紅，蘋果也稀罕，於是決定取名「蘋果麵包」。

美軍醫生則叫它Liu' s Bakery「劉麵包廠」，簡單又好記。從此，劉哲基帶著被打響的名號，順其自然接上地氣：「不喜歡的事交在上帝手中，仍可以成為祝福。」

當年盛況帶來回憶的美好，「沒有電視，也沒有電台打廣告，就靠一個報一個，人傳人，全省都來買蘋果麵包。」不夠賣，每天都不夠賣，晚上快打烊關門了，門口還排著隊。現在重溫當年的叫賣，他仍還中氣十足：「衛生可靠，

走過戰火煙硝，劉哲基退伍創業。

抗戰老兵退休創業，落腳台中向上路。

真正好，大家趕快來，停一下就走了。大麵包，小麵包，熱狗麵包，漢堡麵包，還有香蕉麵包。」

雙聲帶叫賣，像有魔力

山東腔夾雜幾句台灣話的雙聲帶喊聲，「緊來，緊來」像有魔力，透過擴音器大聲放送，格外引人注意。麵包紮實飽滿，沒有香精和添加物，小麥麵粉香氣吐露著蘋果芳香，「靠手工才好吃，單純的麵粉跟奶粉跟一點糖，」劉哲基說，除了這三樣食材，沒有別的竅門，就是要揉要壓，做的很紮實，識貨的左鄰右舍一看到麵包車，就趕緊來買，沒有食安風險。

傳遞一甲子的老味道，讓更多人吃到幸福。

這一甲子老味道的盛況背後，藏著有劉哲基從呱呱墜地到兩鬢染霜的轉折，歲月的行囊裝滿酸甜苦辣。「其實，蘋果麵包並不是一開始就有的創意，而是生意一落千丈，無路可走才想出來的。」本來一條土司賣八塊錢賺一塊，每天有二十元收入，清泉崗基地美軍進駐，騎著腳踏車送貨，倒也是一門好生意，「玻璃珠變鑽石」有位老戰友這樣形容。

只可惜好景不常，中美斷交後，一九七八年美軍撤離，一下子跑掉超級大客戶，絕不服輸的劉哲基記住蔣公訓誡，「視困難險惡為進步的階梯」，他拿出軍人本色埋頭苦幹日以繼夜，才看見前路柳暗花明。

劉哲基的妻子解釋說：「前面這個馬路中間是柏油，兩邊都還是石頭路，在這裡六十年了，剛開始兩個麵包車，劉伯伯一個，我一個，街頭巷尾都在叫賣。」飄香一甲子，如今走在夕陽的路上，能走多遠尚不知，卻永遠盡全力而坦然接受一切結果，生命的謎團有時候就恁它不解。

睽違多年返鄉，榮歸故里

親人闊別後的重聚，總百感交集，充滿了靦腆、悸動……甚至慌亂，想像過千遍的親人影像，相見時，卻無法相認，模擬過萬次的交談，卻說兩句就難以為繼。一九八三年，劉哲基踏上睽違四十年的返鄉之旅，那年，兩岸還沒開放探親，氣氛也還敏感，他透過管道回到山東老家，親人相繼離世，爸爸走的時候才六十歲，「被時代迫害而亡。」他嘆。

親人變化太過巨烈，歲月殘酷的刻紋著外型，白髮哥哥老得像爸爸，辮子已挽成髮髻，記憶中的妹妹竟像老婦般嗓音沙啞，臉上兩朵駝紅哪裡去了？猶健在的九十三歲媽媽，就是當年說「你絕對不可以當兵。」的慈愛老人，裹著小腳，靠在門邊等癡望兒子歸來，雖然雙眼迷茫，母子畢竟連心，一見就知是分別近四十年的親兒子，兩代都垂垂老矣，恍如隔世。

白髮老母和弟弟相見，恍如隔世。

台灣赫赫有名的大老闆衣錦還鄉囉！山東老家為之大轟動，街坊鄰里、全村的人好奇圍觀，「一家人都不敢相信，這輩子還能見面，還能在一起說話。探親的日子激動再激動，常常講話到天亮，也不覺得有睏意。」

意態瀟灑，談的是青春烽火，再久遠，都是生命存亡關頭的沉澱。高齡回顧傳奇人生，劉哲基直呼自己被上帝眷顧，大難不死後得了肺結核卻又奇蹟似痊癒，「誰會想到一個山東逃難到小島來的軍人，會在台灣靠著麵包成名呢？」暮年平和處世，他感謝此生一切的恩典。

劉哲基 小檔案

一九二六年出生於山東高密，十八歲時加入游擊隊抗日，一九四五年到青島受訓，正式成為國軍，一九五九年以陸軍少校官階退役，一九六一年創辦知名的「劉麵包廠」，座落台中「孫立人將軍紀念館」附近。

大難不死的摔機奇遇

金英

功名利祿如風過，人生百歲如夢醒。空軍官校第八期畢業生金英是名演員金士傑的父親，投筆從戎當了飛行教官，曾在訓練時兩度失事墜機，來到台灣又因職務調派，差點因飛機失事再走一回鬼門關；幾度大難不死，順從命運卻不畏命運。

飛行老將平易近人和藹可親，思緒清晰說話有力。

東港大鵬灣共和新村由以前日本人南進時從大鵬灣抽沙填地而成，秋風一起，桂花香聞十里，六十二棟日式連棟房舍中，飛行教官金英住在乙等房。日式建築的外觀，簡樸寧靜，熱帶風情的椰林，鵝卵石戰略碉堡、龜殼狀防空洞和安裝在路口的舊消防栓，當年的戰爭氣氛依稀存在。

兩次摔飛機，大難不死

終於上青天圓夢，是因一九四五年九一八事變所引起的中國人的痛。日本佔領中國東北，年輕學子視日本侵華為莫大的國仇家恨，憤而報考軍校，金英也在南京和同學討論未來前途，對空軍到底是做什麼，其實壓根兒還不很清楚，「剛好看到有兩個空軍前期回鄉探親，穿著白色的軍服，非常的帥氣。」入學受訓因達到教官高難度飛行動作的要求，幸運的未被淘汰，踏出為國難效力

東港共和新村是一道美麗的風景線。

的第一步。

「好男不當兵，好鐵不打釘」舊社會的保守加上祖輩對孫兒的疼惜，祖母硬是不准金英上戰場，老人家不曉得整個國家已失序，若不從軍，就要餓肚皮。

少年無路可走，終究無奈瞞著家人穿上軍服，等待時機再取得祖母諒解，緩和了家人的反對。

不負時代使命，金英在航空領域獲得完整的歷鍊，既正面迎戰敵方，也運送戰略物資，更擔任教官，為國家培育後進英才，生前是同學會的唯一參加者。他比同期任何一個校友，都活得久。

歷經奇襲，更能領略平靜。屏東榮服處將這位飛航奇才的故事，做過完整回顧。

年輕氣盛、滿腔熱血，報考夢寐以求的空軍官校。

十二中隊，毫無作戰能力

戰局變化過速，日軍步步逼近，筧橋經常遭到轟炸，被逼迫必須搬離杭州。金英先到洛陽報到，後來被分配到廣州分校，「道格拉斯教練機最後也是部隊上的轟炸機。」金英說，蘇聯ＢＳ型轟炸機是雙引擎式螺旋槳，實在是太落後了，「像霍克飛機原本用於教練機，等上了戰場，就成了前線部隊的戰鬥機。」

戰事緊急，逃難大隊像路上塵埃，隨風飄揚。部隊曾遷移至湖北武漢機場停留短暫，接著前往湖南長沙，再走到廣西柳州，金英在雲南昆明畢業分發到成都轟炸總隊訓練，下部隊分配到第二大隊，雖然有ＢＳ型轟炸機，但是數量少，都是前期老大哥，隊長、分隊長、區隊長在飛，後期飛行員只能擔任後備隊員，有時候也跟著出任務，但機會不多。

金英駕駛的螺旋槳飛機模型。

之後，金英加入十二中隊，「只有番號，連一架飛機都沒有」，沒有飛機，就沒有絲毫作戰能力，枯等一段時間，上級決定派他去雙流機場擔任士校飛行教官。這兒是抗戰軍事基地，使用的教練機是北美號。金英在雙流機場帶了兩批學生完成任務，派到第五大隊擔任總務科長。

派到印度，擔任飛行教官

第五大隊是驅逐機大隊，士校學生中級班結束後遷回成都，第五大隊移防到湖南時，找金英帶隊將戰用物資送到雲南昆明。他坐卡車到昆明，一切安頓好剛剛才往人事處報到，卻又立即遠赴印度北部臘河的空軍基地擔任飛行教官，從官校二十期帶到二十四期，最後的五期學生碰到抗戰勝利，返國回到筧橋。

金英難忘印度食宿的異常艱苦，天氣酷熱難忍，沒有冷氣的夜晚，寢室床上鋪的蓆子墊被都滾燙，必須淋上冷水降溫，讓被子快速乾，才能勉強躺上去睡。苦不堪言熬過三個月才終於分配到一人一間房，加裝了電風扇的涼爽，有如昆明。

一九三八年十二月，金英空軍官校第八期畢業，被分發到作戰隊轟炸組擔任飛行官，在四川的雙流機場遇上了飛機故障，失去動力安全迫降，前輪衝進水溝中，和學生兩人雖然受到衝擊拉力，但還好只受了點內傷並無大礙。

迫降水田，減緩了撞擊力道

空軍官校訓練素來嚴格，以高標準要求學生，無奈機種複雜，配備又不夠精良，不但不足以應付作戰，連平常訓練也狀況百出。高級班快畢業在靠近昆明的雲南霑益上空發生故障迫降，就是這個原因。

故障發生那瞬間，眼看地面上的人群離自己越來越近，影像越來越清晰，「如果他們完了，我也完了。」駕駛座上的金英當時只想著如何避開人群，把傷害降到最低。他把機身偏向旁邊的田埂，落地滑行後擦撞田埂機身翻覆，自己也因為重擊昏了過去，被人送往醫院緊急搶救。

墜機時刻在早上九點，金英一直到下午三點才慢慢清醒。「為了救別人，沒想到救了自己」，這是他第一次摔飛機，還好迫降在水田不是旱田，減緩了撞擊力道，雖讓金英幸運逃過一劫，但至今臉上留了一道傷疤，也是死裡逃生的紀念。

一九四九年時局混亂。金英隨著國軍撤退台灣而定居屏東東港共和新村，一住七十幾年，現在叫做大鵬灣共和新村，參謀大學遷北後，金英年紀漸長，深覺自己無法完全駕馭噴射機種，因此轉任屏東機場地勤，以中校科長一九六六年退伍，軍中生涯完美落幕。

曾與死神擦身而過，笑看人生

金英解釋，飛機的優劣對於作戰影響很大，飛機數量與配備不足與應付作戰，導致教練機都必須如以卵擊石的到前線打仗，何嘗不是為了國家民族犧牲而奉獻。「我們國家也是在這種劣勢裝備下，求勝求生存，前輩們的大無畏犧牲奉獻的精神，才能引領我們走到今日安定富裕的生活。」

在金英升任東港空軍參謀大學總務科長時，某次接到學校教育處長指示，更改了原本要搭機北上的既定行程，教育處長希望金英以總務科長的身分，前往台南了解工作人員的吃住情形。

當晚十二點，金英被急促的敲門聲吵醒，被叫進了校長宿舍，一見校長夫人淚流滿面，他心頭馬上有不祥預感，果然，那架飛往台北的班機，在鶯歌失事撞山，當時飛機上有十二人，包含要求金英留下來的教育處長全數罹難；再度與鬼門關擦身而過的金英，事後被指派到台北處理罹難者後事。「當時沒感到害怕，只覺得難受。」金英一來覺得，他的命是由同袍換來的，二來，成家有了一家老小的金英，心裡萌生退意，第一次對軍人這個職業有了掙扎。

每天運動看報，樂在其中

經歷一世紀歲月，幾度大難不死，空軍官校一四七位畢業生，他是最後一個還在開同學會的。一〇五歲那年，金英接受訪問細數家譜說，金家祖父母、父母和外祖父三代到台灣，一到就是七口人的規模，輩份最長的是祖父金仲奎，大姑姑適黃留學日本，小姑姑

得到模範父親榮譽，為家族添光彩。

任職參謀大學，以專業報效國家。

金家三代人一起到台灣，金士俊排行老大。

金英聲如洪鐘，說起故事鏗鏘有力。

適程留學美國，兩位姑父均是公費留學生。

妻子張麗錦英文超厲害，在高中教授英文直到退休。入行表現優異的名演員金士傑排行老二，最小的兒子在美國德州，大兒子金士俊是基督教牧師，輔導受刑人及更生人，三女兒護理師退休，四女兒華航空姐，最小的兒子長年經商，一門多傑。

人生百歲如夢醒，幾世情最依依不捨的，是自家府城顏色。金英非常滿意居住的屏東共和新村，這長壽村環境生態好，大樹儘管已被移走了四分之三，依舊綠意盎然。鄰居街坊互有照應串門子，有事做有麻將打，老人家身邊不乏子女相伴，整體心情不容易鬱悶。

金英 小檔案

一九一六年出生於安徽合肥，空軍官校第八期畢業，曾短暫遷至湖北武漢機場，雲南昆明畢業後到成都轟炸總隊，派到印度北部臘河的分校，擔任飛行教官。一九六〇年因局勢混亂，隨著國軍撤退台灣定居屏東東港共和新村，轉任屏東機場地勤，以中校科長民國一九六六年退伍。

台灣光復後，布袋戲從早演到晚

陳錫煌

布袋戲轟動武林、驚動萬教，只要鑼鼓聲響起，素還真、史艷文的記憶就會被拉回來，「掌中乾坤」，成為台灣人生活一部分。十七世紀布袋戲大師李天祿有子陳錫煌傳其衣缽，成為當代最知名的掌中戲傳承。父子曾經各彈曲調，差點分道揚鑣。

陳悅記祖宅，誕生布袋戲世家。

在老派祖宅的美麗光影中，舉起手機幫陳煌坤阿公拍照，他舉起多皺的雙手比愛心，做了「啾咪，愛你喔」的手勢，可以想見他曾經調皮搗蛋，如今則返老還童。只遺憾，爸爸沒有接受他這陽光的一面。陳煌坤的爸爸是掌中戲教主李天祿。

一九四八年國民政府帶大軍來到小島，反攻大陸的目標讓台灣進入戒嚴時期，本土布袋戲因而遭受管控。陳錫煌說，那時期，布袋戲雖未被禁演，但開演前要先來一段「反共」宣傳戲，前後不同調。

對外總能結好善緣的李天祿在此時，機緣巧合得到了外省籍，曾任新聞局局長與外交官的沈昌煥相助，演出才邁向順利之途，終成大師。

這兵荒馬亂的一九四九，軍民跨過黑水溝來台灣，陳錫煌和李天祿卻反其道去了一趟上海找商機。父子倆和戲班「亦宛然」一行人搭「中興號」渡海到上海，想爭取更多更大的舞台。

美夢卻突變，那曾料到牽線人「阿茂」沒打理好戲院登演的事項，讓戲班大批人馬晾在大上海，連飯店費用、回程船費最後都得靠李天祿找上海的台灣友人慷慨解囊，才得以大事化小。

不過，一趟上海行，卻也讓陳錫煌大開眼界。

一趟上海行，大開眼界

回顧一九三一年，台灣還在日本殖民時期，現今延平北路一帶的台北城「太平町」，豎立大清舉人石旗竿的陳悅記祖宅，春天誕生了一名男嬰陳錫煌，男嬰父親即是李天祿，父子倆組成國寶級布袋戲世家。

陳悅記祖宅被稱為「老師府」，一八〇七年大龍峒在大清時期文風鼎盛時期落成，是陳氏家族祠廟，二〇一八年被登錄為國定古蹟，「公媽廳」目前正待整修，匾額、門檻、屋簷、磚瓦與牆面交織出老宅的裡裡外外的歷史斑駁，打著鑼鼓、吹嗩吶的北管樂音卻從沒停止過，吹散幾許初冬寂寥。

這十九世紀初的兩百年閩南建築，四合院自然已被歲月侵蝕得灰濛斑駁，四處堆放著磚木，等待新面貌。穿堂過廊，九十二歲的陳錫煌住在裡面左手邊雙層，恁舊物疊放，布袋玩偶在牆上跟故人新友打招呼。

拿起父親李天祿的玩偶，拍拍灰塵，陳錫煌笑說，「他是我爸爸」。自己姓陳，爸爸姓李，為什麼？早年台灣，「入贅」是婚姻模式之一，往往女方家族，若無兄弟或經濟上優渥於男方，多會選擇招贅，讓男方婚後住進女方家庭，並要求長子從妻姓。入贅男性往往也是出於經濟上的無奈及際遇的辛酸才作如此選擇，畢竟，少有男人會無緣無故放棄傳衍姓氏的權力。

也因此，入贅家庭難免埋藏怨怒之氣。陳錫煌說，小時候父母親吵架，父親李天祿就把李家帶來的祖先牌位放進竹籃，拎了籃子揚言離家出走。那意味著「我要走的話，連根也要一起帶走。」也或許，因為姓氏之別，父親李

陳氏家族祠廟被登錄為國定古蹟，裡裡外外歷史斑駁。

天祿待他兩位兒子陳錫煌與李傳燦，陳錫煌受到的對待，相對嚴厲許多。

裁剪戲偶服裝，藝生依樣畫葫蘆

「但父親其實對我也很好，小時候看同學神氣的揹皮革書包，我也想揹，我吵著要讀書，他也讓我去了。」九十歲陳錫煌猶記得父親對自己的疼愛，當年小朋友多用布巾包書本、打赤腳，他則是不一樣，摩登地穿了皮鞋、背著咖啡色皮革書包去大龍峒孔廟旁上小學，裝扮很潮。

十七世紀，大陸福建泉州、漳州等地興起了一種廣為常民所喜愛的手操偶戲，相傳是落地秀才梁炳麟將泉州的懸絲魁儡戲，加以詩文對白，展演章回小說情節所創的表演，而讓許多台灣人著迷熱愛的布袋戲。

陳錫煌生長在這黃金時代，除了操偶，也精於製作布袋戲偶道具，親手裁剪戲偶服裝樣板讓藝生依樣畫葫蘆。他指著一頂頂戲偶配戴的軟盔細心解釋，「尫仔帽子很費工，要有耐心，尤其是上面的金蔥線，經過反覆練習才能繡的好看。只要有人肯學，我都可以教。」

歷史因緣巧合，布袋戲有傳人

一九三七年七月七日，中國對日本正式宣告全面抗戰，日本開始在台推行皇民化運動，嚴管島內所有本土戲曲的演出，包括劇本，內容也得交由警務局管控審查。

此紛亂之時，李天祿的布袋戲深受一位日本分局長所喜愛，受邀加入「英美滅擊推進隊」（文山區的文宣大隊）取得演出機會，但所有布袋戲的劇本和戲偶，也都得按照規定翻新為日式裝扮，包括上演的戲碼要以日本故事為本。布袋戲若想求存，就得低頭妥協，李天祿靠著靈活的對外手腕，戲班找到了存活延續的可能。

相較於父親李天祿，陳錫煌卻似乎稍少

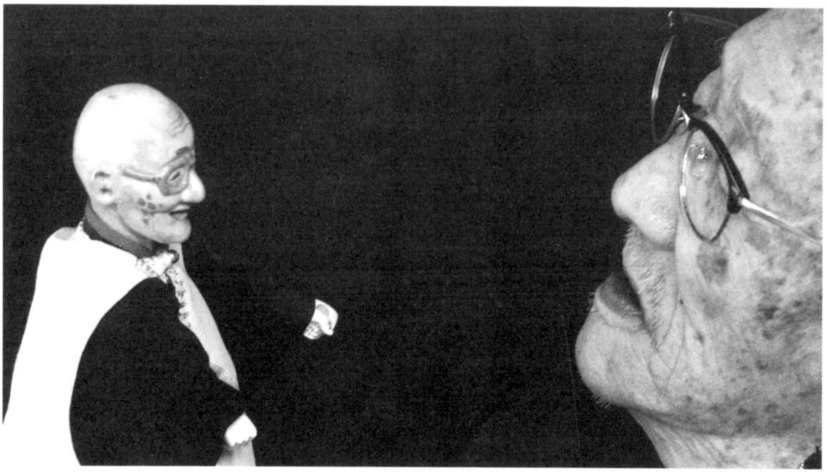

17 世紀，台灣人著迷熱愛的布袋戲。

了一點對抗外境變化的柔軟。小學畢業後一度自謀出路，到台北城的印製廠撿鉛字，工作並不輕鬆，一次，由於鉛字版過重，不小心摔碎在地，慘遭老闆一頓斥罵，他索性遞上辭呈，回去當父親的一手，從此專注走上布袋戲之路，再也沒有三心二意。

跑戲班賺錢養家，從殖民到光復

二戰煙硝竄起，日夜躲避空襲，陳錫煌隨家人遷往石碇山裡避難，「山裡生活滿自在，田裡烤地瓜、溪邊釣魚。」生性淡泊的陳錫煌，對山居生活還頗感愜意。

一九四五年五月三十一日美軍對日本殖民的台北城，進行轟炸，深居山裡的李天祿一家，雖躲過一劫，卻收到「疏散」通告，要求再往南撤。

一家人於是從石碇出山，再搭火車往西螺，打算去投靠陳錫煌的叔公。

老老小小，風塵僕僕一路搭夜車南下，天亮時火車抵達台中后里，沒想到睜眼一看，「啊？國旗換了！台灣光復了！」

一九四五年八月十五日，日本正式宣告戰敗投降，台灣回歸中華民國祖國。光復的確為台灣人帶來欣喜，但陳錫煌一家人卻因為對外信息不通，走上了一趟莫名的西螺南遷，外公因此染了瘧疾而過世，「沒錢刻墓碑啊，只能用簡單的棺木把人埋在田邊，墓碑用磚頭代替。」九十歲老先生重提這段往事，也只能搖頭嘆息了。

成天樂著追著戲班追戲

光復後的台灣，布袋戲再度自由發展了一陣子。「太久沒聽到鑼鼓聲了，大家好高興，那時候布袋戲從早演到晚。」陳錫煌說，戲班當紅時，許多人從各地，坐車來的，或騎腳踏車來，成天樂著追著戲班，到處追戲。

一九四七年二月二十八日，陳錫煌和父親李天祿正在大稻埕上演布袋戲，二二八事件發生了，肅殺之氣，迅速席捲全台。政治讓島內人民開始有了分別，陳錫煌親眼見到

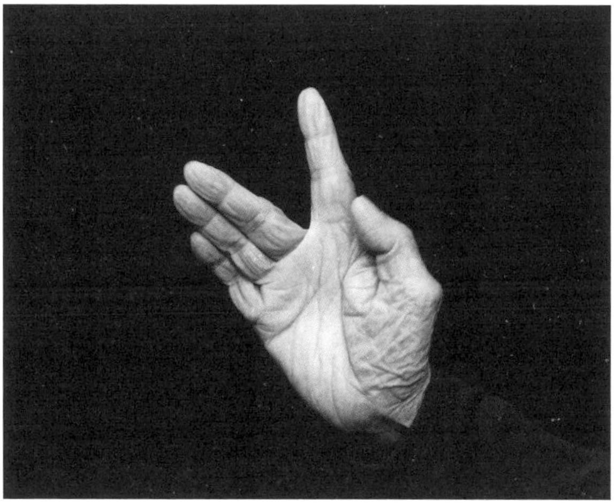

陳錫煌贏得人間國寶雙認證。

有人死於槍桿下的砲火，但也看到了人與人之間跨越分別的互助之情。當年，陳氏大宅院裡住了外省籍的阿兵哥，「大家有東西會一起吃，過來的外省兵也是小孩子啊，有的連槍桿都舉不起。」

問老先生，如何看待這段歷史？他說「人活在世間，馬馬虎虎，日子可以過就好，大家該學著彼此溫和對待，別在計較沒有用的事了。」那年，他才十七歲。

國民政府大舉遷台，陳錫煌和父親李天祿卻反方向去了一趟上海找商機。「上海街上三輪車到處跑，那時候台灣還沒有三輪車。上海戲院也很大，戲院門口的哈哈鏡很好玩，照了鏡子人會變形，我還幫人買了指甲油回來。」

上海的多彩多姿讓少年陳錫煌留下繁華印記，李天祿也結識了著名京劇家麒麟童，兩人相談甚歡。未料回台後局勢大動盪，兩岸即陷入分隔，兩位戲曲天才未能再續前緣。

只要有人肯學都樂意傳承

儘管在父親的戲班演出，生活不成問題，但父親姓李，自己姓陳，父子間終究有份難解的隔閡。他擔任父親的二手，上演時若稍有點跟不上父親的速度，就經常會換來怒目喝斥。

年輕氣盛，當然受不了。

一九五〇年，十九歲的陳錫煌難忍父子相處氣氛，決定南奔到西螺向新興閣藝師鍾任祥交流，南部的見習再次開了眼界。布袋戲從此融合台灣南北精華，開展出最細膩，無界的偶戲演出，在太平盛世裡，感受到布袋戲自由的展演空間。一九九

陳錫煌舉起父親布偶，爭取更多演出機會。

〇年，陳錫煌和他弟弟李傳燦前往大陸泉州向木偶劇團藝師黃奕缺習藝，二〇〇八年以七十七歲高齡成立「陳錫煌掌中劇團」。八十歲贏得人間國寶雙認證，八十八歲受邀前往德國柏林國際文化中心、美國亞特蘭大偶戲中心演出。

布袋戲這門古老的表演藝術，從十七世紀的中國泉州綿延至今，陳錫煌以一輩子見證這其中乾坤。老先生認為不管時代如何起落浮沉，人與人之間若能彼此真心相待，把握每個機緣，留下好的、捨棄壞的，歷史終究會助其一臂之力，留下最值得的流傳的美好事物。

陳錫煌 小檔案

一九三一年生於陳悅記祖宅，國民政府遷台，陳錫煌和父親李天祿卻反方向去了一趟上海，回台後局勢動盪，兩岸則陷入分隔。以七十七歲高齡成立「陳錫煌掌中劇團」，也贏得人間國寶雙認證，受邀前往德國柏林國際文化中心及美國亞特蘭大偶戲中心演出。

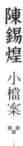

我爸爸是國產凌凌漆

杜睿展

杜成山任職於國防部電訊發展室，外派駐韓是人生最精華、最發光發熱的時刻。如何在驚天動地的離亂中，一邊偽裝、一邊保有自我？外調韓國從事破譯工作，情報生涯無異是神秘又壯烈的。年幼的杜睿展經常看到爸爸在家練習摩斯密碼，手拿紙筆，邊打邊抄。

杜睿展推測，掩人耳目的「東亞氣候研究所」實為電展室駐韓監聽單位。右上：經常出入駐韓大使館，傳遞訊息。右下：參觀冷戰時期的象徵，韓國板門店。

「匆匆人間，英雄謝世。來日再度聚首，映照我們的，必是老兵的榮光。」在杜睿展心目中，爸爸杜成山的英雄事蹟筆墨難以盡述，生前那樣輝煌卻從未曾對外言說，低調到，所有人都以為他只是普通的公務員。事實上，一九六九年外調韓國從事破譯工作，情報生涯神秘又壯烈。

杜睿展捐贈給沈春池文教基金會的數件典藏文物中，老照片和文獻奇特的帶來時代氣息，杜成山清一色墨鏡、西裝、風衣、紳士帽的行頭，像來自電影的服裝道具間；而同時，也彷彿可看到杜成山在戒備森嚴的軍營裡，手拿相機正竊取機密，隨後戴上文質彬彬的黑框眼鏡，偽裝易容出入大使館。

情報工作危險，非同小可

「神祕帥勁不會輸給007電影的詹姆士龐德，年輕的顏值更直追港星古天樂。」是情報員？或聽風者？這畢竟不是電影，現實世界裡慘烈的戰爭中隆隆的砲聲，烽煙四起，逼得萬民無家可歸。

深沉的噓唏和懷想，從父親傳遞的故事聽到，「我那一代的人，曾經是，曾經哪……」杜睿展上了年紀才逐漸體會父親慎重卻脆弱的語言。杜成山任職國防部電訊發展室，在新店清風園監聽單位使用杜占鰲和杜志強兩個名字，從事無線電通信破譯員任務，「這個國軍電展室在台、韓、越及泰國等地皆設有監聽站，」杜成山派駐的韓國監聽站距離北京最近，負責攔截及破譯北京收發的通訊。「精確來說，統稱情報員的他們，更像是聽風者，護照上使用假名字，偽造成經濟部官員。」

國軍電展室戰力強大到什麼程度？「如果中共武力犯台，比雷達和人造衛星還早知道的單位，就是電展室。」杜睿展解釋說，當年共軍為躲避偵測，刻意把軍事單位和通信單位分開，但仍被電展室破解，戰力之強不言可喻。

情報工作危險性非同小可，空投到敵後執行任務，常有去無回或不幸被共軍俘虜，外派到南越、泰國等中南半島，也直接面對共黨游擊隊突擊，同樣險象環生。父親杜成山晚年時曾不勝唏噓的對杜睿展憶起往事說，「電展室曾被越共突襲，負責保護的南越特戰排半數陣亡，同仁也多死傷不明。」

來不及道別就走上征途

在不解人事，不懂人情又全然天真的年紀，父親說的往事未必能懂，更添老人寂寞！杜睿展說，父親一九三二年出生在山東青島，幼年跟弟弟曾經躲在門後親眼目睹日本人佔領青島的殘暴，留下成長傷痕。家園被欺，杜成山加入了抗日游擊隊青島保安隊，隊長叫高芳先，其子就是曾擔任國防部長的高華柱。

青島保安隊一天工作兩小時，薪水夠生活，杜成山一九四七年加入邊讀書打工邊練國術，因此學到基本拳腳。國共內戰如火如荼打到最激烈時，山東省被打到只剩青島一個孤島，歷史上著名的「青島大撤退」就在此時，杜成山根本來不及跟弟弟道別就走上了征途。

從機槍手一路升到下士、中士、上士，場場都是硬戰，「父親任職鵲山觀測所所長任內，遭遇了八二三砲戰。」杜成山親眼見過美軍M55八吋自走砲軍援金門，「像房子一樣大，每門自走砲都配上一位美軍顧問，美軍同意才能射擊。」

對生命尚未通透，卻知敬畏，光陰荏苒，多少日月都已消失無蹤，只將最深的存亡留在心頭。杜成山在八二三砲戰歷經兩次生死關頭，第一次是在鵲山觀測所倚靠者掩體，他正手持電話向砲指部報告戰況，突然一顆砲彈飛過來擊中觀測所，掩體裂成兩半，他當場被震波擊昏，同袍以為他已往生。部隊派同袍去收屍的當口，杜成山卻突然醒轉，「不是陣亡了？我沒死，我還活著啊！」

另一次的大難不死是砲彈打進掩體門口，落在腳邊，引信剛好歪了，原地旋轉沒爆，經過的同事無不嚇得哇哇大叫。「真邪門，萬一爆開，人就沒了。」這些往事，讓杜睿展聽著父親蒼老的嗓音敘說時，都忍不住感受著那驚險。

（左）杜成山和（右）杜成文兩兄弟。

蔣家的軼事，對父親的推崇

「化成灰我都認得你。」老戰友給杜成山的評價，背後意思是，這位魔鬼班長帶兵夠硬夠機車。杜睿展舉個例子說，蔣家金孫蔣孝勇曾在部隊服役，士班長父親向蔣孝勇表明沒有任何特權，該有的訓練都一定有，「散兵坑挖一個不夠，就繼續挖兩個。」蔣孝勇對這個成長期第一個扮黑臉的人物，必然非常不服氣。

據說，蔣孝勇離營返家唉唉叫，父親蔣經國和爺爺蔣介石沒予理會，更或許是兩蔣聽到有人敢管教嬌生慣養的孩子反而高興，趁機會好好操練一下。蔣孝勇在兩蔣面前碰了個釘子後，再去找上宋美齡。奶奶畢竟疼孫子，馬上吩咐座車接金孫，蔣孝勇從此就沒再回軍營。「所以我爸是曾經對蔣家人使用威權的人。」提起這段軼事，杜睿展充滿對父親處事硬頸的推崇。

任務低調，穿著卻高調

情報工作充滿危險，杜成山執行任務時就得相當低調，至於為何父親穿著高調？杜睿展推測，「應該因為不是深入內地，所以相對安全。」

偉大又傷痕累累的靈魂，如何在驚天動地的離亂中，一邊偽裝、一邊保有自我？情報員的離奇人生故事，其實悲愴如「靜默之聲」弦樂四重奏。杜成山外派駐韓時是情報員最精華、最發光發熱的時刻，除了本薪，每月還得到兩三千塊美金津貼，因此在台灣購置房產、讓家人生活無虞。而駐韓居所是兩人一棟的美軍宿舍，「可見聯軍對電展室的重視。」杜睿展說，父親長期外派，兩三年才回到台灣一次，好幾次，孩子隨媽媽去機場接機，居然完全認不出眼前這位陌生又高壯的男子就是自己的父親，還得要媽媽提醒，才糊里糊塗地跟著鬼叫一通，「呃，爸爸！」。

幾年後，杜成山調回台灣，不必像服役軍人般需要輪調，每天騎著腳踏車悠哉悠哉的到新店上下班，有次，杜睿展跟著到單位，父親還讓年幼的他摸了一下門口軍人的配槍，至今仍印象深刻。

在家練習更換的摩斯密碼

從閱讀書報、打撞球、養狗等多張擺拍的相片中，可看出杜成山本人相當熱愛用拍照來記錄生活，或許那也是他在風險性高的情報員工作之餘，猶留的一絲閒適和愜意。杜睿展小心翼翼拿出一只木製盒子遺物說，「我爸絕口不提電展室內部，那是機密，要帶進棺材裡的，唯一比較曝光的是摩斯密碼機。」年幼時，他經常看到父親在家練習不時更換的摩斯密碼，父親總是手拿紙筆，邊打邊抄。

時間不語，卻回答了所有問題，歲月不言，也見證到所有真貌。杜睿展模仿著父親當年動作，噠噠噠噠噠敲擊密碼機，不知名的浮游音波飄蕩在空間裡，好似對情報員父親的孺慕之情，也充滿神祕的氛圍。

一九八一年，杜成山退役以後，透過香港關係間接與大陸親人取得聯繫，在一九八八年重回山東青島探親。

六〇年代，新店電展室生活樣貌。上圖：打撞球那架勢，要挑桿挑贏應該蠻難的。左下：於電展室養狗。右下：閒暇時翻閱書報。

哥哥你把我帶走

一踏進弟弟杜成文的家門，應門的是杜成文女兒，也就是杜睿展的大堂姊，「她一看到我爸第一眼就開始痛哭流涕，那個哭泣，含著千言萬語啊！」將近四十年不見的兄弟，相見時弟弟已躺在病榻上，無法相認，原來文革把杜成文逼到精神錯亂，還逼出一身病，杜成山回鄉探視時，他竟然誤認親哥哥是共產黨派來的敵人。

英雄往事在悠悠的歲月中，漸漸的流走了。痛心的杜成山心生一計，想說些小時候的故事來證明自己的身分，沒想到，杜成文反而更受刺激，破口大罵共產黨無孔不入。杜睿展說，「但是當天晚上，我叔叔就哭了，明白真的是哥哥

杜睿展 8 歲後就未曾與父親合影過。

來找他了。我叔叔比我爸老很多，看起來像我爺爺。」

探親後不久，大陸那邊捎來家書寫著，「杜成文臨終前還不住地囈語著，哥哥，你把我帶走……。」

體會真正英雄的低調

返鄉如一個深藏的夢，點燃親情渴望。只是，「和叔叔五月見到，他七月就走了，走得這樣快，還好爸爸趕上相見，不然真的是一輩子留下遺憾。」杜睿展意味深長地道出親人心底那聲長嘆。「我爸是二〇一一年離世的，隔了十四年著手整理大量的舊照和遺物，才體會到真正英雄的低調。」父母在孩子身上寄託希望，盼著他們一生平安，等孩子長大，自己又已經老去，「像一條蜿蜒的路，曾經走進父母眼眸中的我，又迎來下一代，」如此循環，標誌著希望。

遠行的親人啊！安歇在靜謐的故土。只是，為什麼事隔多年才掀開這些塵封已久的往事？點點滴滴都讓杜睿展難以自若地面對。他自我解嘲地說，「從小被罵到大，一直罵……表現得不如父親預期。不好意思，原諒小弟不才，能力有限，書也念不好，也不是學霸，也不是很會賺錢。」

就在慢慢梳理父子留下的資料與父子關係的過程中，杜睿展逐漸積攢了許多事後才拼湊出的理解和體諒，「父親因工作壓力曾經大到顏面神經失調，我才理解，破譯真沒那麼簡單！」萬般不捨，終需道別。他知道，爸爸曾經這樣輝煌，卻自始至終守口如瓶。

長期陪伴，改善父子關係

所幸父親辭世前，杜睿展因長期陪伴而改善了父子關係。與父親相處的最後時光，日常洗漱照料，林林總總的瑣碎事務都盡心去做，父子身分終於倒錯，「像哄孩子一樣地哄爸爸，反而關係變好。」

父親是無名英雄，更是杜睿展永遠的偶像。

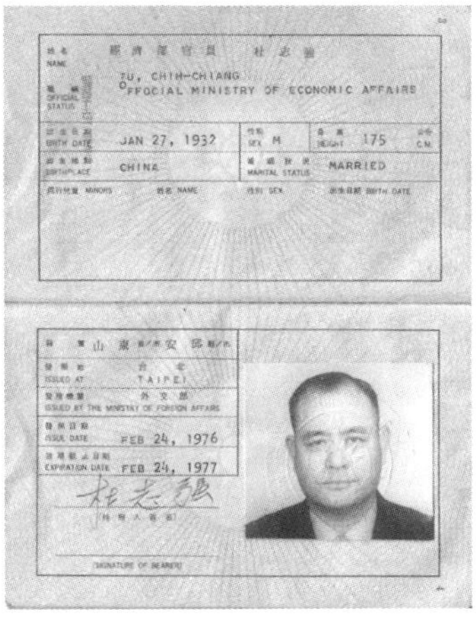

杜成山外派韓國的護照。

杜睿展很遺憾父親未能盼到自己結婚成家、也未能欣慰地看到他負擔起照顧母親和哥哥的重任。不曾說出口的糾結，累積成為太多難以言喻的遺憾與思念。「少年不懂事，等真正瞭解，又無法讓時光倒流，父子對話再也無機會。只能，以搜尋正確歷史線索來紀念英勇，記錄家庭故事來安慰父親的在天之靈。」

人世間原本就存在緊密相連的一根線，無論天涯那一方，斷了也能再接上，接上又跳開，循環的繫著彼此的緣分。

若是半途中出現裂痕，那也是為了引進生命光源。

杜成山 小檔案

一九三二年出生在山東青島，加入抗日游擊隊青島保安隊，曾使用過杜占鰲、杜志強兩個名字任職於國防部電訊發展室，一九六九年外調韓國從事破譯工作，一九八八年重回山東青島探親。兒子杜睿展現為機電品管工程師，講述爸爸的故事，以撫慰英勇情報員的在天之靈。

讀書是終身志願
五十五歲流亡學生考上台大外文系

梁爾玉

行伍出身，雖稱不上允文允武，但將自己定位為文人雅士，梁爾玉風骨裡深藏讀書人基因，書不離手，手不釋卷，絕不放棄任何讀書機會。立正敬禮的軍事化教育，從沒有出現在父子間，對孩子也就期待好好讀書，能自立自強，過平安的人生。

被迫穿上軍服，骨子裡其實是讀書人。

回想晨起讀書的無憂華年，與父親同窗朗朗閱讀，大好前程迎接著追求知識的端正少年，梁爾玉從鄆城鄉下被送到濟南，一路從初中唸到高中。

心無旁騖的單純想望卻毀在紛擾的戰爭裡，改變了梁爾玉的求學命運。一九四九年，他與親人俱各分散，困在內戰的洪流，來不及逃亡就被國軍捉兵充員，成為炮火下的流亡者。

對國家有貢獻，讓人生有意義

出生於山東鄆城的梁爾玉家境頗為優渥，父親經營電力事業，給予下一代全心栽培與呵護，信奉「對國家有貢獻，讓人生有意義。」的書香門第哲學，不辭千里送梁爾玉去城市受教育，期待光耀梁家門楣。

梁爾玉也爭氣，從小就能寫一手對聯，鄰居逢年過節高掛他工整的筆墨。哪兒料到，日本人一把火燒了梁家房子，迫害了良民，一九四八年，在那個沒有選擇與怨恨權力的動亂時刻，共產黨繼日本猝不及防又打了過來。

戰事愈來愈吃緊，「整個國家已經大亂。」被迫丟下學業，還來不及向母親道別，梁爾玉跟隨第一聯中校長劉澤民從濟南、浙江，一路來到最南方的廣州，萬里跋涉。

大時代無情，師生舉目無親的一直往後撤退，共產黨追到哪，就往哪走，「或走路，或乘坐火車，」這批山東流亡學生走了超過一千八百公里，漫長而艱辛，歷經從北到南慘絕人寰的逃難路線，見證了生命無比脆弱，「人坐在火車頂上，穿越山洞就掉了下來。」

書不離手，手不釋卷

師生相依為命，只期待戰爭快快結束而詩書如故，聊慰親懷。無書可讀雖然萬分懊惱，但梁爾玉也確知，「國家已經大亂，覆巢之下無完卵。」怨天尤人也改變不了動亂事實。

抵達台灣澎湖漁光島只能從軍，心平氣和接受時代顛簸：「我們沒有選擇的餘地，不當兵，能幹什麼呢！」帶著濃濃山東鄉音訴說過往，梁爾玉說，國軍缺兵嚴重，自己來台灣後被強制編入軍隊文書二等兵，一路從陸軍官校、陸軍工校再讀到國防醫學院，爭取赴美留學。「唯一的心願是讀書，無論哪種環境，我都爭取最大的機會上學求知。」進軍校是無奈之舉，他自律的從小兵升到上校，書不離手，手不釋卷。

軍中日記也見到梁爾玉自勵的手稿，「犧牲一切，努力向學，這是革命的黃埔主義需貫徹，紀律莫放鬆，打條血路，領導被壓迫的民眾。」

堅決反對下一代從軍

他寫到也做到，攜手向前行，路不遠，莫要驚，親愛精誠，繼續永守，「怒潮澎湃，黨旗飛舞，發揚吾校精神。」奉守黃埔精神的梁爾玉被迫從軍，覺得當軍人很危險，無可奈何才穿上軍服，絕非原志。以致於，當寶島安定無戰事，過了人生折返點的

戴上博士帽，流露出文人氣質，對歲月體悟彌足珍貴。

五十歲後，他以一種強大的力道搖醒求知若渴，停下眼前俗務，遠眺人生的 big picture，「這輩子一定要做的事，不能再拖延了。」對讀書的渴望，如孤懸天際的太陽，也如黃河之水，照著內心深處的渴求，時刻需索的奮勇向前，不尋退路。

於是，以半百高齡插班報考台大外文系。苦讀趕考，遭逢百般試練卻始終不改其志，「我父親考台大插班，考了五遍才考上。」兒子梁正伸出五個手指頭說，日夜匪懈的跟時間賽跑，父親表現了超乎常人的堅韌，內斂

離鄉遊子傷懷又溫暖在台成家，點點滴滴都是時代印記。

而不張揚。

梁正說，自己身上流著炎黃子孫的血，也曾經想挺起腰桿從軍報國，「崇拜軍人的正氣凜然，繼承父志。」但是，很明顯的，「父親不願意孩子當軍人。」戰禍的死生一線、千鈞一髮，這痛苦煎熬停在老一代人的身上就好，他堅決反對下一代從軍。

其實梁爾玉口頭不說，但梁正卻清楚，「儘管是行伍出身，雖稱不上允文允武，但他比較會將自己定位為文人雅士。」勤懇學習愛讀書，孩子知道，爸爸就是個文人。

時代已變，「立正敬禮的軍事化教育，從沒有出現在父子間。」爸爸對孩子也就期待好好讀書，能自立自強，有份安穩的工作，過平安的人生。梁正思念到此，父親的山東鄆城鄉音彷彿又在耳邊響起。

軍校的學生是要受特別教育的，遠在投考軍校前，梁爾玉很早就認清，「怨，沒什麼好怨恨的，但是很苦，所有的苦頭都吃盡。」妻子練貞江不忍老伴老淚縱橫，總輕聲安慰他，「你不苦，你兒孫滿堂，很享福，那都去過啦。」再加重語氣，以一句又一句的柔聲說著「不會啦」！練貞江心疼的撫慰老伴的怨嘆與無奈。

老母親聲聲的蒼老呼喚

所有的遷移與抵達都非出於自願，只能隨著人流，流向暫時的落腳。心頭另有的讀書盼望，且待指令的間隙，不錯過分分秒秒。

回鄉路徑已完全與往昔不同，那年，梁爾玉收到未受教育的母親，用顫抖的手寫下親筆信，並錄音表達她對兒子的思念，「我想孫，想你，想你能來，想媳婦。」

聽著老母親聲聲的蒼老呼喚，梁爾玉恨不得插翅飛回山東老家，趕赴一場母子的千年之約。只遺憾，母親得了重病，來不及見到最後一面就黯然長逝，天倫悲劇，莫以此為甚。

以驚人的記憶力還原一生，步入耄耋之

故鄉有情，熟悉的景和物，還有思念的雙親。

年的梁爾玉侃侃而談，眼角皺褶閃著滿滿的無奈與心酸。那個年代的孩子，光是要在戰亂中生存就不簡單了，念書是件多麼奢侈的事，但他從未放棄。

當時只道是尋常，待到懂時已滄桑。但願烽火學子的苦難，讓現今年輕人能體會，讀書是件多麼幸福的事。

家人離散，今生無緣再相會，只能憑藉記憶遙祭父母恩。

梁爾玉 小檔案

出生於山東鄆城，父親經營電力事業，一九四八年跟隨第一聯中逃難，萬里跋涉。

來台進軍校是無奈之舉，書不離手，「犧牲一切，努力向學，這是革命的黃埔。主義需貫徹，紀律莫放鬆。」一路從陸軍官校，陸軍工校再讀到國防醫學院，爭取赴美留學。以半百高齡插班考進台大外文系。

遠離權利核心，寧做中醫推手

馬肇選

中醫先行者馬肇選曾跟著蔣中正散步，以「打倒蔣校長，擁護蔣總裁」平息江西學運，接近黨政軍權力核心，原本有機會平步青雲，馬肇選卻以「不偏不倚，方能細水長流」的思維在教育路上作育英才，推動中醫進大學。

與錢穆先生合影，留住韶光。

舊時代也有斜槓和跨界，馬肇選無異走在潮流之前成為先行者。中醫並非專業，有機會受到蔣中正辦公室提拔而一展長才，又為何走上迥然不同的人生之路？

與中華民國同壽，馬肇選擁有許多稱號。出生那年正是回教徒最忌諱的豬年，因此「小豬」成為親暱小名，為中醫界做出貢獻後，「國寶醫生」、「人瑞教授」實至名歸，也被尊為先行者、推動者與隔代共同老師，筆耕不輟，應也算當今臉書最高齡的使用者。

勇奪百分，搶頭香鋪前程

另一方面，江西省長熊式輝更稱他為「智庫」，為他開啟初入社會的榮耀第一步。馬肇選出生安徽懷寧，卻在江西長大，小學沒畢業就天賦異稟考上南昌二中，學費卻沒著落時。怎麼辦？同鄉紛紛慷慨解囊救了急，因為南方回教徒出了這樣一個特異人才非常不容易，大家發揮同胞愛幫忙他。

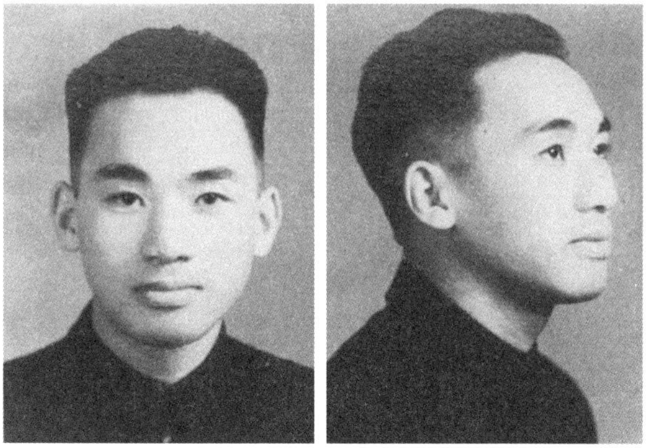

聰慧靈活，年輕就嶄露頭角。

馬肇選因此順利進入學校就讀，同學答不出來的考題，他不但第一個交卷，還勇奪一百分。既搶頭香，也鋪了前程，讓江西省長熊式輝非常中意這個娃娃而帶在身邊栽培，連蔣介石都注意到取中庸之道的他，延攬至總裁辦公室擔任參議。

進入總裁辦公室真是不得了的大事，低調不愛出鋒頭的個性更引來蔣介石認同，常指名要他讀報、陪著散步，甚至連蔣宋美齡都要幫著作媒。「不搶NO1，不可太張揚，長官知道我地位很低，話傳不出去，所以反而很多話喜歡跟我說。」

打倒蔣校長，擁護蔣主席

事後證明，圍剿紅軍又主持新生活運動的熊省長留著馬肇選在身邊當智庫，的確眼光過人，這青年果然不負領導寄予的厚望，靠著兩句厲害的口號，在一九四七年平定了令領導萬分焦慮的學潮。

那一年，共產黨四處蠢動，以鬧學潮惹事來壯大聲勢，使熊省長愁眉苦臉，想盡辦法平息學生運動。這火急的當下，馬肇選的聰明伶俐有了用文武之地，他向省長報告，「讓我用十個字來平息。」

哪十個字？馬肇選伸出五個手指頭說，「打倒蔣校長」，蛤，這樣怎麼行？等接下來的五個字「擁護蔣主席」說出來，熊省長頓時喜出望外讚道，這標語太棒了，有反抗的力量，也有平壓的力量，既安穩了大學生被鼓動的情緒，也使馬肇選獲得進入總裁辦公室的可貴資源。

大陸都丟了，還結什麼婚？

越是爬到高位，心生警惕莫要太招搖，「報告秘書長，麻煩用屏風遮住我的辦公桌」，沉穩內斂，謹慎不張揚，讓蔣中正對他更加肯定，儘管地位不高，無法參加決策，也總被召去散步，有些秘密反而暢所欲言。在散步中，蔣中正做了冷靜的決策，馬肇選摸透脾氣，「一旦要處罰部署，他先不決定，總是散步完再冷靜蓋章定奪。」

蔣夫人要作的媒，馬肇選打一開始就自知因

從軍之路很渺茫，離情愁緒迎著未知。

雙方地位懸殊而無法結這個親。他向夫人報告，自己是回教徒，已在家鄉訂親，蔣中正在房內聽到，就咳了一聲說，「馬參議打退堂鼓啦！」

關於婚姻，這些年許多學生無不好奇問過他，「以老師的才華和風趣，竟然沒有結婚，」一問之下才得知，家鄉真的曾經有論及婚嫁的對象，因為大環境的變遷動盪而分離，才終身未娶。馬肇選常正經的說，宋朝女人有貞潔牌坊，女人可以守寡，男人也可以守鰥，這樣男女才算公平。

「大陸都丟了，還結什麼婚？」丟大陸的遷移台灣，命大福大，搭上快動艇而沒有選擇太平輪成為大海冤魂，「還活著，都是好大的幸運。」馬肇選上岸後成為流亡老師，並沒有動用關係取得特殊身分。在他看來，有些關係反而要清楚甩掉，否則帶來麻煩。

由自主轉爲自強，由助人到救人

一九四九年來到台北，只有成功中學一所高中，流亡師生就借用教室晚上的燈光苦讀，直到成功中學裝不下，才成立「台北行政專科學校」。所在的學士路都是違章建築，校旁的五義街則有許多眷區。

一生獨居，隨遇而安的快樂哲學，來自影響至深的恩師馮友蘭，馬肇選由淺入深，巧妙的解釋「快樂」。第一，快樂不能比較，不能說讀書比唱歌快樂；第二，快樂不能選擇，你「正在」讀書時，不能感受歌唱的快樂；第三呢，快樂不能儲蓄，當下的快樂，明天「只能」回憶或回味。

跟著時代的腳步，用臉書找到失聯多年的學生故舊，常一起聚餐也是快樂泉源，「謝謝大家來看老馬，」師生無距離，學生開他玩笑，「老師，您恆齒只掉了兩顆，這牙齒應該也有機會列入世界紀錄。」

馬肇選則回應，「由自主轉為自強，由助人到救人，」視名利如浮雲，成為學生眼裡的神教授。飽讀古今書籍而充滿朝氣，會說俄文、阿拉伯文等多國語言，上課時不用麥克風，也沒有草稿，滔滔講個不停，更注重推

未來的路很渺茫，離情愁緒迎著未知。

理思維，訓練學生腦力激盪，舉一反三。

馬肇選在課堂有幾句名言：「好有好的壞處，壞有壞的好處」。漢武帝時李夫人說的話，「以色事人者，色衰而愛馳，愛馳而恩絕。」介之推、杜月笙的故事……學生也耳熟能詳。

耗盡青春歲月指導學子

曾經接近黨政軍權利核心，原本有機會平步青雲，馬肇選卻以「不偏不倚，方能細水長流」的思維在教育路上默默付出，耗盡青春歲月指導學子、帶領中醫，讓台灣中醫得以科技化及現代化，成為台灣中醫先行者。先後參與了省立地方行政專科學校（國立臺北大學）、及彰化教育學院（彰師大）的創建，後來更協助中國醫藥學院設立了台灣第一個中醫系，成功讓中醫系進入大學殿堂。

「中醫不進大學，什麼都不能往下談，就像開舞會，連舞場都沒有怎行。」他認為，「草藥郎中」名稱不雅，要從「實質」上更正名稱，必須「讓」中醫進入大學，此一正名任務，開端約在一九六〇年左右。

其後到一九七一年，擔任中醫學系五年級導師，出現了提高「素質」的教育 望。馬肇選從不必擔心「如何發展中醫」，而是要著手如何「充實」，課堂中有「照著講」與「接著講」來分辨中國醫學思想史與發展史之不同。

開卷再聞琅琅聲，風風雨雨五十年

因此，他對古籍所追索的「醫學史」曾建議正名為「醫史學」，以便從歷史中詳確的討論這個「抽象繼承」。他以古代「刻舟稱象」與「刻舟求劍」兩句成語打比方：前一句來自古代利用舟的載重來稱象的體重。至於刻舟求劍這句成語，曾被嘲笑墨守成規，不知變通。但是若能利用三角測量來刻舟，則又能科學的「點」出其位置。

分辨出這兩句成語不同的玄妙，則能稍解僧肇《肇論》中的「物不遷論」，借用一近代名詞，分別觀察其「本象」與「轉換」，來考察其效果。

師生聚會，特別值得珍惜。

學生感念其對中醫的貢獻，獻給恩師「龍馬行」。

隱姓埋名取後覺，危徑曲橋都歷遍。
千萬桃李溪谷垂釣，三顧茅盧明君志，
滿腔熱血把淚拋，奇異地同名懷鄉夢，
開卷再聞琅琅聲，風風雨雨五十年，
春風化雨沐後生，吃出來依舊一吟生，
江老惜才明珠保。

馬肇選 小檔案

馬肇選與民國同壽，出生安徽懷寧，卻在江西長大，南方回教徒，特異人才，參與中國醫藥大學中醫學系設立，花費幾十年青春歲月指導學子、帶領中醫，讓台灣中醫得以科技化及現代化，可謂是台灣中醫之先行者。

輯五

舊物絮語

遷臺一代的典藏筆記

父親的最後一張金箔

楊裕昌

十六歲那年，楊裕昌就讀山東濟南中學，一如往常去上學，卻是成為流亡學生的開始而永別父母。幸好父親想辦法請校長轉交給楊裕昌一個金塊。

師生一路逃亡，物資缺乏、通貨膨脹、幣值嚴重貶值，有錢也買不到所需物資。為了活命，楊裕昌請銀樓將金磚打製成好幾張金箔，以一張金箔換一個饅頭，想辦法存活來到台灣。

山河赤化，人倫含悲，使楊裕昌絕口不提過往傷痛，只到處請教才得知，父親曾用金箔換來饅頭，讓共同經歷過生死患難的夥伴活下來。

戰亂活命為首要之急，楊家駿寧願相信是父親當時已不用再挨餓，所以才沒用到最後這一張金箔。他將金箔裱框，掛在陸委會辦公室最顯眼的牆面，希望能傳遞這段家族往事。

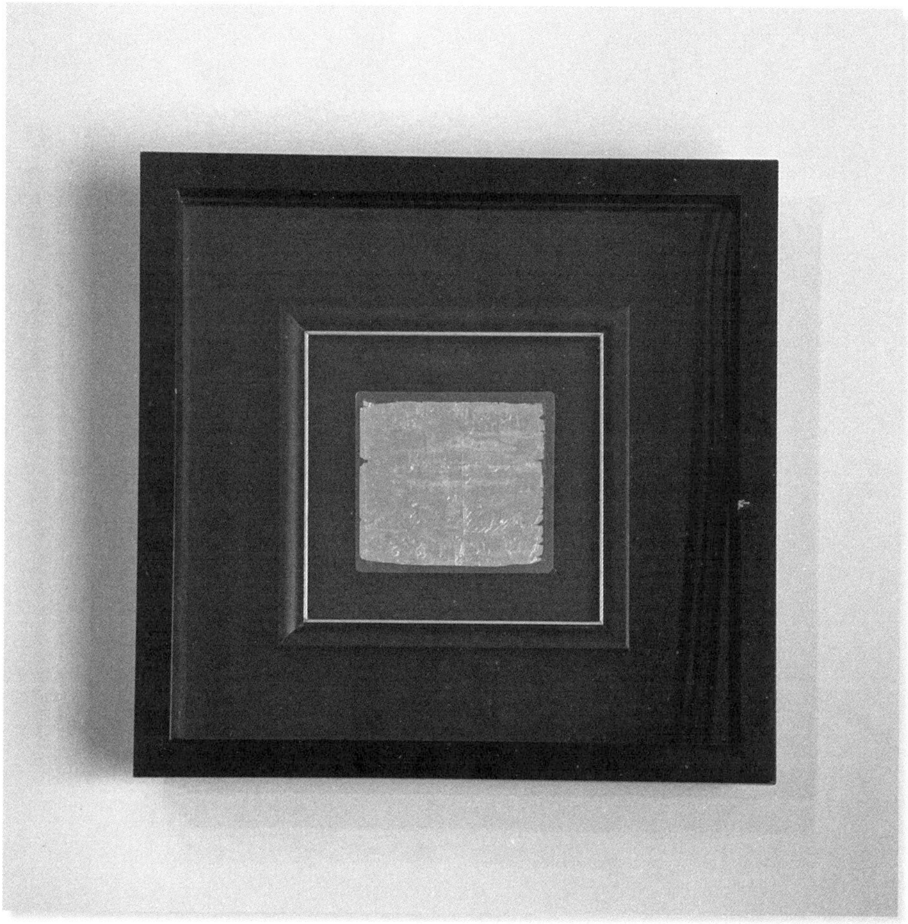

圖像來源｜楊裕昌｜遷臺一代｜山東清平

寒冬臘月的懷中暖意

蒲玉蓓

蒲玉蓓捐贈母親徐鳳的「五福捧壽懷爐」禦寒器物，銅製小爐可盛炭火，附有把手方便攜帶。蒲父因擔任海軍要職，當年有較充裕準備遷移，故連此保暖小物也能隨身攜帶來台。

蒲家為書香世家，琴棋書畫乃為日常生活，家中使用的器物皆雅緻充滿韻味。此懷爐上蓋為鏤空雕刻、便於散熱，雕刻紋也採用吉祥紋飾，為五隻蝙蝠環繞壽字紋。「蝠」取寓意「福」，五福捧壽紋樣象徵「多福多壽」。根據《書經．洪範》所提：「五福：一曰壽，二曰富，三曰康寧，四曰攸好德，五曰考終命。」，「康寧」為身體康健安寧之意；「攸好德」意為熱愛、追求美好德行；「考終命」則希望人生最後得以善終，無病無痛自然死亡。

爐蓋上刻以五福捧壽，一如冬日揣著懷爐的暖意，象徵人生在世所懷抱的期望與祝福。

圖像來源｜蒲玉蓓｜遷臺二代

臨行密密縫，與母親連結的藍背心

索予明

一九二〇年出生於湖北江陵的索予明，時歷抗日戰爭，乃隨學校逃亡。一九四一年中央博物院籌備處招募繪圖人員，索予明遂應徵入院，自此加入保護國寶行列。抗戰勝利後復員，隨著中央博物院籌備處遷至南京，後戰事又起，一九四九年索予明搭崑崙艦押運國寶來台，以為很快就能回到母親的身邊，臨行前只帶著母親縫製的藍背心和兩枚銀圓，沒想到戰爭使得母子二人從此分隔兩地，物件成為他和母親唯一的連結，每每睹物思親，淚流不已。

直至一九八七年政府開放民眾赴大陸探親，索予明急著返鄉尋找母親，才知道母親被當黑五類流放，早已逝世，成為索予明心中最深的遺憾。此藍背心與臨行的盤纏，由索予明之子索孝慈所提供。索予明生前曾說過，要穿著藍背心「回家」，那是和母親唯一可以相認的信物。

圖像來源｜索予明｜遷臺一代｜湖北江陵

史上最短命的貨幣：金圓券

伍世文

為挽救經濟，中華民國政府一九四八年八月十九日發行法定貨幣「金圓卷」，流通於台灣之外所掌控的區域。發行初期，金圓一元折法幣三百萬元，金圓二元折銀幣一元，金圓四元折合美金一元，強制收兌民間金銀外幣。

卻因準備不足，加上未嚴格實行發行限額，導致惡性通貨膨脹，兌換金圓券的守法良民無不破產。隨著金圓券鈔票面額不斷升高，甚至出現面值一百萬元的大鈔。因幣值貶值太快，物價早晚差距極大，民眾進行各式買賣都要以大捆鈔票進行。

一九四九年五月之時，一石大米的價格要四億多金圓券，以物易物反而更能換得所要的物資。米麵等糧食一日數漲，造成民眾瘋狂搶糧，交通阻斷，甚至發生踩死人的悲劇。金圓券最終於七月三日停止發行，但已埋下社會動盪的因子。

此金圓券由伍世文所捐獻。伍世文祖籍廣東臺山，前國防部長、海軍二級上將退役，獲頒中華民國軍人最高榮譽青天白日勳章。

圖像來源｜伍世文｜遷臺一代｜廣東臺山

一九四七年的「小黃卡」

蕭知三

大家有看過七十五年前的「小黃卡」嗎？早在一九四七年，當時準備由上海前往美國防空飛彈學校受訓一年的蕭知三將軍（當時為中校）就必須為了出國預先進行疫苗接種，並請衛生署上海海港檢疫所開立「預防接種證明書」與「出國旅客健康檢查證明書」。

從文件內頁的第一頁可以看出當時要前往美國，必需接種鼠疫、霍亂、傷寒、天花及斑疹、傷寒疫苗，雖然上述的一些傳染病今日已幾乎絕跡，但在當時的亞洲地區還是常見的流行傳染病。例如一九二六年到一九四九年間，上海這樣的現代化大城市就曾爆發過六波大規模的天花疫情。有趣的是，在內頁第二頁的「預防天花接種證明書」上，能看到當時負責接種天花的醫事人員有一個專有的職稱「種痘人」呢！

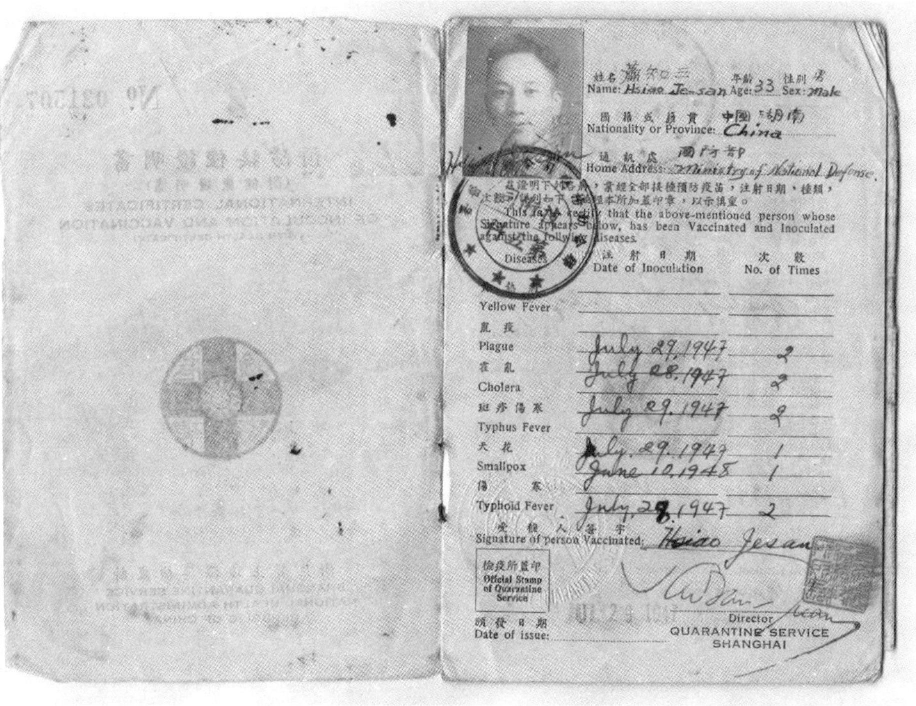
姓名 蕭知三 年齡 33 性別 男
Name: Hsiao Je-san Age: 33 Sex: Male

國籍或籍貫 中國湖南
Nationality or Province: China

通訊處 國防部
Home Address: Ministry of National Defense.

茲證明下列各病，業經全部接種預防疫苗，注射日期，種類，次數分別列如下，並經本所加蓋印章，以示慎重。

This is to certify that the above-mentioned person whose Signature appears below, has been Vaccinated and Inoculated against the following diseases.

Diseases	注射日期 Date of Inoculation	次數 No. of Times
Yellow Fever		
鼠疫 Plague	July 29, 1947	2
霍亂 Cholera	July 28, 1947	2
斑疹傷寒 Typhus Fever	July 29, 1947	2
天花 Smallpox	July 29, 1947	1
	June 10, 1948	1
傷寒 Typhoid Fever	July 28, 1947	2

受種人簽字
Signature of person Vaccinated: Hsiao Jesan

檢疫所蓋印
Official Stamp of Quarantine Service

頒發日期
Date of issue:

Director
QUARANTINE SERVICE
SHANGHAI

圖像來源 ｜蕭知三｜遷臺一代｜湖南新化

台灣的武俠電影熱

潘長發

早在連電視都是奢侈品的一九六〇年代，廣播才是深入家家戶戶的家庭娛樂中心，但當時廣播可不像現在一樣想聽就能聽，潘長發捐贈一九六四年的廣播收音機執照，證明以前是要有執照才能收聽廣播的。

台灣的廣播起源於日治時期，當時主持廣播的台灣放送協會的職責除了廣播工作外，還有販賣與推銷收音機，與發放收音機執照收取「收聽費」。戰後中華民國政府遷臺，廣播事務交由交通部管轄，於一九五一年訂定「廣播無線電收音機登記規則」，要求使用者向各地電信局申請登記，並繳費領取執照。

「收聽匪俄廣播」更是絕對禁止，並且獎勵檢舉，台灣省保安司令部（後稱警備總司令部）有隨時派員監察使用者杜絕上述犯罪行為的權責。一九七七年，隨著政府修正電信法，取消管制制度才終止。

廣播收音機執照上可以看到左上角有一個「半費」的印記，因為當時潘長發擔任陸軍步兵學校教官，現役軍警人員執照費減半計收，所以當時僅需繳納十五元新臺幣。在執照背面，可以看到記載著持有人、收音機品牌等等資訊，並且可以看到有效期限的資訊，也就是說這張執照是一年的有效期限（一九六四年到一九六五年），過期後需要前往電信局申請新的執照並繳費。

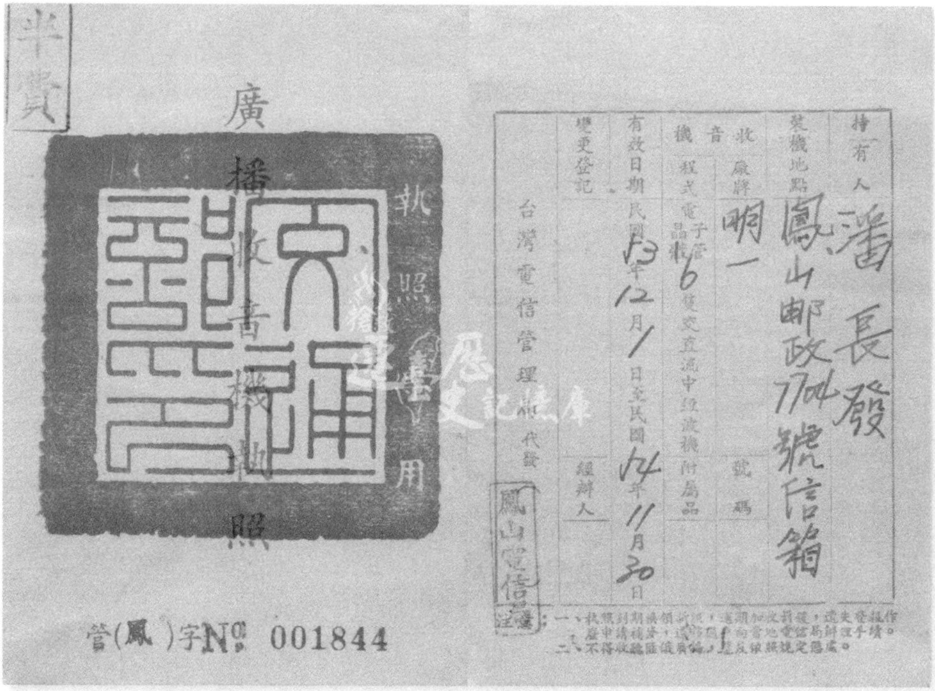

圖像來源｜潘長發｜遷臺一代

員工訓練班修業證明

歐陽璽

民國初年國父提出「航空救國」主張，黃金十年時期，國民政府也曾與德國和義大利等航空工業先進國尋求合作，建立航空零件與發動機工廠以加強戰局軍備。一九四一年於貴州大定成立的航空發動機製造廠（又稱大定發動機製造廠），見證我國航空工業的關鍵性發展，在抗戰艱苦的歲月中，培養一批優秀航技人才。

歐陽璽家住貴州貴陽，趁地利之便，大定發動機製造廠於一九四四年招募技術人員時，便決定以技術救國，順利考取訓練班。員工訓練班前後招募八期，培訓為期十四個月，上課內容為以英文理解機械原理、金工、電工、發動機學等專業知識，實習則是鉗工為主。一九四九年國共內戰爆發，迫使歐陽璽隨著大定發動機製造廠遷臺，落腳台中清水，繼續為中華民國空軍與航空工業服務。

航空工業除了飛行員的高超技術外，其後還有類似歐陽璽的無名英雄堅守崗位，如同飛機上每個不可或缺的零件，為航業的開拓和發展默默貢獻一己之力。少了他們的專業，飛機就無法安全飛行，感謝歐陽璽與眾多技術人員的辛勞奉獻。

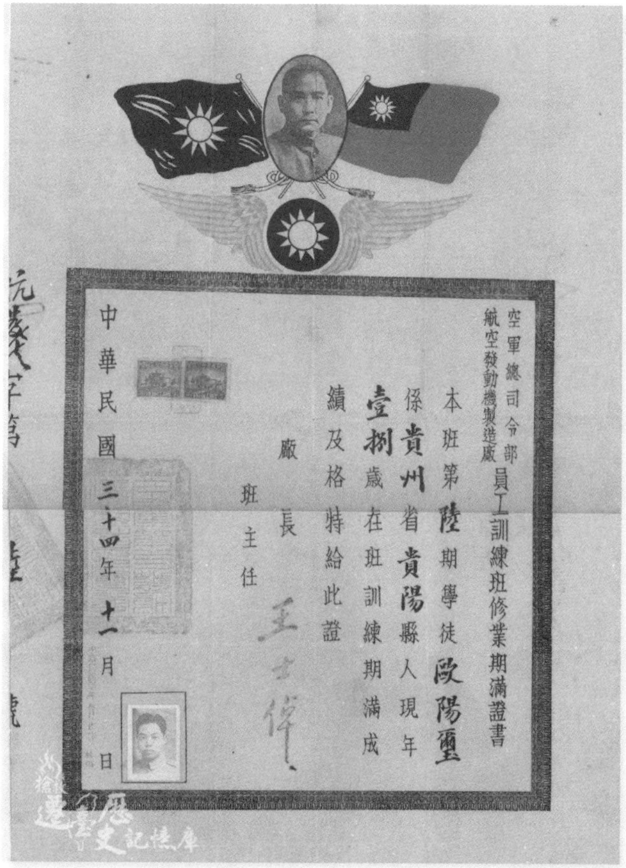

圖像來源｜歐陽璽｜遷臺一代｜貴州貴陽

參與越戰的國軍

湯水易

中秋佳節，月圓人團圓外，還盛行民間的烤肉活動，其中烤全豬也是個應景習俗。照片是一九七二年五月湯水易及同袍正扛著一頭山豬的合影。但令他們雀躍的不是因為佳節烤肉，而是完成了嚴峻的叢林生存訓練。

湯水易空軍官校畢業後進入嘉義救護中隊服務，當時黑蝙蝠中隊招募直升機飛行員，準備進行一項祕密作戰任務——「金鞭計畫」。年輕的湯水易認為這是個親臨戰場的機會，於是自願加入。這個特殊任務的重點是暗夜駕駛直升機，低空深入北越境內佈署電子設備，協助美國截收北越的軍事機密情資。當時核選出十二位黑蝙蝠菁英，分成兩組各六位。除了前往美國基地接受嚴格的直升機特種駕駛訓練，另一場重頭戲就是因應越南戰場環境而進行的叢林生存訓練。

受訓場地設置於新竹竹東的深山。開訓當天，湯水易、五位同袍及兩位美軍的叢林戰訓練專家從龍潭基地起程，搭乘直升機垂降至訓練場，展開為期五天的求生訓練。美軍教授了各種叢林生存技能，例如：設法取得可飲用的水源，或是辨別人及動物的蹤跡等。最後一門嚴訓課程，就是照片中的情景——獵殺動物，可以看見照片中的右側懸掛著一張圍網，那正是為了狩獵所設的陷阱。

圖像來源｜湯水易｜遷臺一代｜江蘇崇明

飄洋過海的袁大頭

王春源

國父孫中山先生於一九一二年一月一日就任中華民國臨時大總統，但在南北議和的協議下，甫任職數月的孫中山先生主動向參議院辭職，並舉薦袁世凱接任大總統。王春源捐贈給基金會典藏一枚俗稱「袁大頭」的銀幣就出產於那年代。

袁大頭銀幣於一九一四年發行後不久，袁世凱因復辟帝制的行徑眾叛親離，但因為銀幣規格劃一、成色合標，加上日後各地軍人組成的北洋政府因互相鬥爭，無暇顧及新幣設計，其流通使用並未受到影響，且持續新鑄造袁大頭銀幣。

圖像來源｜王春源｜遷臺一代｜江蘇淮安

直至一九三三年黃金十年時期，國民政府宣布廢兩改元，開始鑄造「船洋」銀元（正面是國父頭像，背面是一艘中式帆船，故得名），但「袁大頭」仍在民間流通，即使法幣面世之後也是如此。隨著中日戰爭與國共內戰引起的通貨膨脹日趨嚴重，「袁大頭」等各類型銀幣仍為民間流通信賴的硬通貨。

王春源先生的袁大頭銀幣來自母親朱振瑛。一九五〇年春天，在父親王世鶴安排下，母親帶著六歲的王春源與四歲的妹妹，從上海乘船至舟山再輾轉來台，臨行前，外祖母準備一包銀幣與銅幣給母親當盤纏，這枚袁大頭銀幣就是其中一枚，蘊含飄洋過海遷臺的艱辛經歷。

遷臺的救生「船」

一九四九年，由於國共內戰的白熱化，許多人選擇離開故鄉，渡過台灣海峽而來，在準備行囊時，除了衣物外，最重要的就是帶上值錢的首飾或者銀幣、金幣等等以備不時之需。由故宮押寶人索予明先生遷臺時所帶在貼身衣物上的一枚鑄有中式帆船的銀幣，已被基金會典藏。

中華民國開國後，為了統一貨幣，於一九一四年二月七日訂定《國幣條例》，確立銀本位貨幣制度，逐漸收回清朝時流通的「龍洋」、還有外國的「鷹洋」等等外國銀圓，鑄造新的貨幣也就是我們俗稱的「袁大頭」。

圖像來源｜索予明｜遷臺一代｜湖北江陵

索予明

到了國民政府北伐統一中國後，為了取代「袁大頭」，中央造幣廠設計了一款新的銀幣，正面是孫中山像，背面是中式帆船的新銀幣，日後與「袁大頭」相呼應，稱之為「孫大頭」，又因為背面是艘帆船的緣故，又有人稱之為「船洋」。一九三五年，國民政府宣布發行法幣，「孫大頭」失去法幣地位，但日後的抗日戰爭與隨之而來的國共內戰，導致人們比較青睞銀幣，而非法幣或者日後的金圓券作為保值的資產。

索予明先生要押運國寶前往台灣前，母親在索予明先生的背心內襯中縫上幾枚銀幣作為盤纏，當中這枚「船洋」就是其中之一，可謂這枚「船洋」載著母親的愛與親情，護著索公一路平安抵台。

機工長的榮譽

林富民

這件珍貴的西裝外套，是第十空運大隊的機工長林富民所有，外套左襟掛滿他奮不顧身守護蒼芎半生的赫赫戰功殊榮。

左襟由上至下分別是飛行胸章、勳表板、勳章三部分。飛行胸章的飛機引擎樣式代表林富民是機械專業，梅花裝飾表示其為資深人員。勳表板則是由於頒發的勳章或獎章為數眾多，全部掛左襟在穿著上十分不便也易遺失，因此將勳帶疊成小方塊，固定於衣服左襟形成一塊勳表板，他人便能由此辨識軍人獲得的勳獎。最下方林富民胸前佩掛著的空軍專用勳章，名為河圖勳章，中間為河圖，四周環繞光芒，河圖相傳為伏羲氏，見龍馬負圖出於河，故稱為河圖，其圖文為一六居下、二七居上、三八居左、四九居右、五十居中，伏羲氏據以畫八卦，象徵榮獲此章者，犧牲奮鬥，維護國家悠久歷史，榮光四照也。

根據《空軍勛獎條例》，授予河圖勳章的標準是：（一）戰鬥間處置妥善，使全軍獲得重大之勝利者。（二）作戰飛行滿一千八百小時，或參與作戰任務滿六百次以上，有特殊英勇之表現與成就者。（三）陸海軍軍人及文職官員或外籍人員，全力策助空軍作戰或建軍工作，有優越成就者。

圖像來源｜林富民｜遷臺一代

火柴盒大小般的間諜相機

王根深

說到特務，會聯想到像是007詹姆士．龐德、金牌特務、或是#SPY×FAMILY洛伊德．佛傑，穿著筆挺的西裝，有著優雅的紳士氣質，游刃有餘的穿梭在敵人的基地裡面大殺四方，最後用一個華麗的爆破完成任務。

但現實當中的特務並不都是這樣的，他們常常九死一生，時常注意自己的行蹤是否暴露，利用各種身分掩護取得情報，一切都需要靠謹慎和智慧取勝。王根深就是一位這樣的特務，身為緬甸華僑的他，認同中華民

圖像來源 ｜王根深｜遷臺一代

國，因此參與泰北的游擊隊，被情報局吸收成為情報人員，在一九六〇至一九七〇年代穿梭在金三角地區，為情報局取得大量的珍貴情報。

王根深曾經使用過的間諜相機，這種相機大小如火柴盒般，便於攜帶隱匿。這臺相機是一家日本廠商，名叫小西六（柯尼卡公司的前身）所製作的SNAPPY CAMERA（如相機上方的刻字），從相機的皮套上刻著MADE IN OCCPIED JAPAN，可見是一九四五年九月至一九五二年四月美軍佔領日本這段時期所生產的。

女兵視角的八二三

八二三砲戰六十四週年，女青年工作大隊張秋香以金門五三醫院的軍旅舊照，分享女兵眼中的八二三。

張秋香是雲林虎尾人，為了分擔家計，報考孫立人將軍組建的女青年工作大隊，成為第五期隊員，集訓後分發的第一個單位地點就是金門。張秋香一九五八年八月四日初抵金門，八月六日就進入備戰狀態，十八歲的小姑娘初來乍到，害怕水鬼摸上來割頭，邊哭邊寫遺書，「但害怕也要去，因為那叫軍令！」

圖像來源｜張秋香｜遷臺一代｜雲林虎尾

張秋香

八二三砲戰第二天，由於傷亡慘烈，女青年隊駐守五三醫院，一位重傷的大哥向張秋香討藥，一心想著速返戰場殲敵，那一刻張秋香忘記了害怕，悉心撫慰照顧，協助傷兵量體溫、擦拭換藥、打石膏、代寫書信、慰問鼓舞，成為傷兵最溫柔的堅實後盾，直至十月六日停火，結束任期輪調回台灣。

隔年，張秋香再次派往金門，前往大膽島向對岸心戰喊話。爾後因為在外島心戰工作的優異表現，一九六三年榮獲第十四屆「國軍英雄」殊榮，巾幗不讓鬚眉。從隊員到隊長，從懵懂入伍的女孩到樹立典範的花木蘭。

圖像來源｜張秋香｜遷臺一代｜雲林虎尾

立下習醫救世的宏願

陳嘉德

八年抗戰時期，烽火中的莘莘學子不得不逃離已變成戰區的家鄉，輾轉千里只為延續求學的渴望。陳嘉德一九四四年出生於河南汝南，因家中經營中藥舖，在父親懸壺濟世的耳濡目染下，讓陳嘉德立下習醫救世的志向。

年僅十三歲的陳嘉德被迫離開故鄉，長路迢遙從官庄到武漢，輾轉來到四川各地。顛沛流離，卻未曾動搖少女一心向學的決心。順利從同濟大學附中畢業並考取同濟大學醫學系，一步步朝著志向前進。抗戰勝利，同濟大學遷回上海復校，不料國共內戰爆發，中華大地再次成為血腥戰場。

陳嘉德的求學路再次受到戰火波及，來到台灣不久就收到上海同學電報：「學校已復課，速回。」於是向軍方提出申請，立即搭乘運輸機前往上海。只是復學才三個月，戰局又突然吃緊，搭上運輸機再次來到台灣。

安頓後，一心想念書的陳嘉德因學制不同，錯過復讀醫學的機會，但憑藉扎實的醫學背景與德文能力，得以在空軍基地教授生物科目，講課生動有趣，大受歡迎。晚年，陳嘉德將遷徙路線繪製成地圖，與兒女子孫一同踏上當年的流亡之路，帶著搭乘校車的照片回到故土，重認親友。

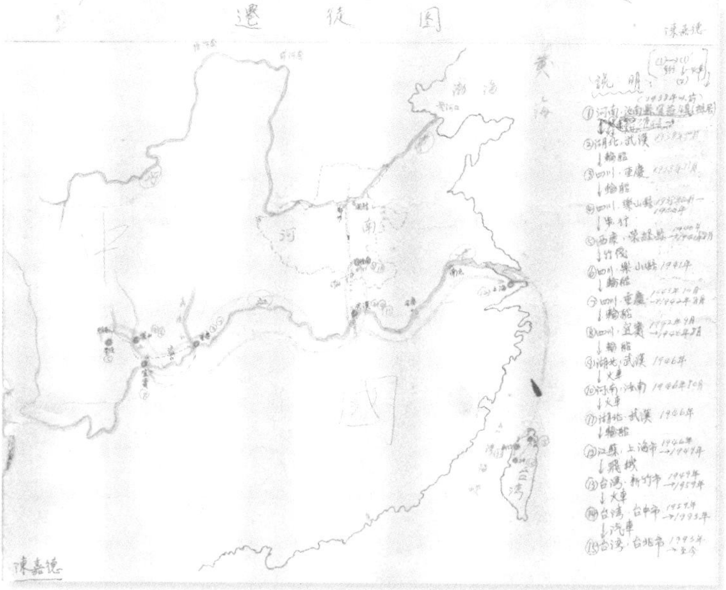

圖像來源｜陳嘉德｜遷臺一代｜河南汝南

PEOPLE 516

渡阡陌：我家的兩岸故事（二）

作者　財團法人沈春池文教基金會
照片提供　財團法人沈春池文教基金會
統籌　石靜文
主編　李碧華
編輯　謝翠鈺
助理編輯　翁傳鈺、張佳容
企劃　范婷婷、陳玟利
封面設計　林采薇、楊珮琪
美術編輯　江麗姿

董事長　趙政岷
出版者　時報文化出版企業股份有限公司
一〇八一九　台北市和平西路三段二四〇號七樓
發行專線　（〇二）二三〇六六八四二
讀者服務專線　〇八〇〇二三一七〇五
（〇二）二三〇四七一〇三
讀者服務傳真　（〇二）二三〇四六八五八
郵撥　一九三四四七二四　時報文化出版公司
信箱　一〇八九九　台北華江橋郵局第九九信箱

時報悅讀網　http://www.readingtimes.com.tw
法律顧問　理律法律事務所　陳長文律師、李念祖律師
印刷　勁達印刷有限公司
一版一刷　二〇二四年四月五日
定價　新台幣四五〇元
（缺頁或破損的書，請寄回更換）

時報文化出版公司成立於一九七五年，
並於一九九九年股票上櫃公開發行，於二〇〇八年脫離中時集團非屬旺中，
以「尊重智慧與創意的文化事業」為信念。

渡阡陌：我家的兩岸故事．二/財團法人沈春池文教基金會作．-- 一版．-- 臺北市：時報文化出版企業股份有限公司，2024.4
面；　公分．--（People；516）

ISBN 978-626-374-706-7（平裝）
1.CST: 人物志 2.CST: 臺灣

783.31　　112020530

ISBN 978-626-374-706-7
Printed in Taiwan